U0071478

BuddhAll

All is Buddha.

BuddhAll.

BuddhAll

觀世音與大悲咒

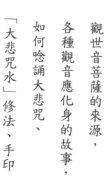

觀世音菩薩的來源，
各種觀音應化身的故事，
如何唸誦大悲咒、
「大悲咒水」修法、手印。

修訂版

談錫永 著

目　錄

附錄

修訂版序

　　本書一九九二年初版於香港，一九九八年略加修訂，再版於台灣，兩版均多次印刷，而且盜版甚多，那些盜版書印出來的梵文轉寫，錯誤甚多，目不忍睹。

　　記得當年客居夏威夷，起意寫一本書介紹《大悲咒》，實在是由於參加一個法會引發，法會主持唱誦此咒聲調甚佳，只是聽起來卻總覺得不妥，因為他是用現代的廣州話語音來唱誦唐代的中州音韻繙譯，唐代用當時的語音來譯梵文的音，相當準確，然而時間隔了千餘年，地域又隔了黃河、長江而至珠江，時地兩殊，依著文字來讀，當然讀出來的語音便跟梵文相差甚遠，因此，筆者便想寫一本書，依梵文音重新音譯。那時，擬定的讀者對象為香港人及歐美華僑，因此譯音便以廣州話為主。

　　此書初稿給一位法師看到，他大感興趣，可是卻耽心書的銷路，他認為唸《大悲咒》的人已習慣了這樣的讀音，一定不願意有所更改，所以耽心筆者白費功夫。

　　筆者感謝他的提點，因此便加上觀世音菩薩的資料，原來只想出一本小冊子，由是便擴充成一本小書了。書出版後，反應出乎意料之外，出版社及筆者都收到不少讀者來信，提出意見，尤其是對音譯的意見更多，建議改譯為甚麼字。這樣的反應，就證明那位法師過於保守了，因為可以證明，願意更改習慣性讀音的人實在不少。

　　到了出台灣版時，修訂譯音以普通話為主。書出版後，反應更大，因為引發了一些專家學者的研究。他們大概不滿意筆者的釋義，因此發表的文章多以研究釋義為主。這一點，要怪筆者沒有說明自己的梵文釋義，完全採用藏傳的引伸義，而非梵字的基本義。

　　最明顯的例是 namo vaga 這一句，此中的 vaga 很難找出字義，所以各家解釋其為參差，日本學者將此字改訂，未必合理。若按藏傳的解釋，則是「大樂童子」的稱謂，引伸義則為「法王子」。照筆者猜想，梵文字根 vag 有「言詞」義，因為大樂童子教授音韻，所以便將他簡名為vaga。

　　又如narakindhi，日本學者將之修訂為nilakantha，釋為「青項觀音」，相當合理，但依藏傳釋義，nara-kindhi釋義為「人中之能洞察者」，由是引伸為「賢善者」，那是對青頸觀音人性化的讚美。

　　藏傳釋義多由梵文的隱義加以引伸，這一點，希望讀者注意。

　　本書港版，由於出版者無法排出梵文轉寫的符號，因此很不理想，台灣版則已大加修訂，現在又再作了一些修訂，希望能夠完美一些。

　　本版的修訂，除修訂梵文轉寫外，還修訂了一些釋音。只有一個音，筆者始終譯不好，那就是narakindhi的「kin」音，譯為「艮」，那是依照古音的讀法。依《唐韻》，艮為「古痕切」，讀「根」去聲，那就比較接近「kan」音，因為kin在此應讀為kan（日本學者即據此而修訂）。

　　上來所說，已對本版的修訂作了簡單的交代，望讀者多提點意見，俾能參考再作修訂，務求令此流行的密咒，能令唸誦者唸出正確的梵文古音，又能理解咒義。

談錫永

二千又十年九月

圖一　印度蓮華手觀音

圖二　如意輪觀音

圖三　西藏佛教的度母觀音造型

第一章 家家觀世音

第一章　家家觀世音

觀自在‧觀世音

頂禮觀自在菩薩。

觀自在菩薩即是觀世音菩薩，梵文是Avalokiteśvara，有些佛經，依音譯為「阿縛盧枳帝濕伐邏」，譯得太嚕叨，自然難以通行。後來鳩摩羅什譯經，將名字依意思來譯，譯為「觀世音菩薩」，強調菩薩「尋聲救度」的一面，這名字因此便通行起來。後世索性將之簡化為「觀音」，菩薩的名字便更加普及。

唐玄奘三藏法師由天竺取經回中土之後，大開譯場，譯了許多佛經，同時也改動了鳩摩羅什的一些名詞翻譯。後世因此將鳩摩羅什所譯稱為「舊譯」，玄奘法師所譯稱為「新譯」，但這「新譯」距今亦已一千三百多年了。「觀自在菩薩」的名號，便是玄奘法師的新譯。流通很廣的《般若波羅蜜多心經》，闢頭即宣說「觀自在菩薩」的名號，此即玄奘法師的譯筆。

然而若論流行的廣泛，可以說，「觀自在菩薩」這個名號，僅靠一本《心經》傳播出來，在民間，則依然流行「觀音」、「觀世音菩薩」的名號。這大概跟老百姓需要一位菩薩來抒解自己的苦難有關，我們呼喚他的名號，他聞聲便來救度，這就比「觀自在」一名要親切得多。

譯為「觀自在」，本來比「觀世音」譯得好，菩薩於過去未來現在三時，於上下八方，無不透徹，遍時空能觀一切事物、一切現象的根源，所以稱為「觀自在」。玄奘法師這個譯名，可謂深具哲理。

然而世間畢竟太多苦難，因此人們便寧願少一點哲理，多一點依怙，由是我們便依然「家家觀世音」。

觀世音名號釋義

「觀世音」這個名號，有兩重釋義。

一重是淺義，即是我們前面說過的，菩薩能「尋聲救度」，世間有任何痛苦的聲音，他一旦觀知，便立刻加以救濟，因此稱為「觀世音」。

《妙法蓮華經》中，有一品《觀世音菩薩普門品》，說無盡意菩薩問釋迦牟尼，觀世音菩薩為甚麼稱為「觀世音」，釋迦便告訴他說：

> 若有無量百千萬億眾生，受諸苦惱，聞是觀世音菩薩，一心稱名，觀世音菩薩即時觀其音聲，皆得解脫。

釋迦還說出種種事例，但稱菩薩名號，便可得救度解脫。例如遇水火、刀兵、刑杖、險阻之類，但一心稱「南無觀世音菩薩」，即時便得解脫災難。

《妙法蓮華經》是一部大經，流行得最廣的唯有這《普門品》，這便是因為民間信仰，對觀音特深之故。後來於稱名號時，還加上「大慈大悲救苦救難」八個字，足見世人期望救

度之殷切。

另一重是深義，出自《楞嚴經》。

《楞嚴經》的內容中，有二十五位菩薩向釋迦牟尼及與會大眾，公開宣說自己的修持過程。輪到觀世音菩薩時，他說道：

> 世尊，憶念我昔無數恆河沙數劫，於時有佛出現於世，名「觀世音」。我於彼佛發菩提心，彼佛教我從聞、思、修入三摩地。初於聞中入流亡所，所入既寂，動靜二相了然不生。

這段經文不容易讀得懂，不妨解說一下。

在無量劫以前，有一位佛，名為觀世音佛，其時觀世音菩薩尚是凡夫，未證菩薩位，他向觀世音佛發菩提心，佛便教他如何修持。

甚麼叫做「菩提心」呢？

菩提心即是「覺心」。凡夫迷，因迷起妄，由是不斷輪迴。例如世人多執著財富，甚至認為財富即是幸福的源頭，這便是迷；因為追求財富，便不惜妄作妄為，欺詐與暴力即由是而起，因此產生惡業，由業力牽引而墮輪迴。

不但惡業可牽引輪迴，善業亦如是。若一旦行善，便生顛倒夢想，希求行善即得善報，這種善業便亦成為輪迴的牽引力，充其量使人輪迴往善道，如天道、人道、阿修羅道。

要擺脫輪迴，必須先生起菩提心，覺知世人之迷都是妄作，由是認識到甚麼是眾生痛苦的根源。能有此認識，便是出世間的智慧。

可是光有智慧還不夠，必須同時生起慈悲心，用自己的出世間智慧來悲憫眾生，使之亦能解脫，這就叫做「智悲雙運」了。如此發心，即是發菩提心。

學佛的人，必須發菩提心。如今流行密宗，許多人學密宗，甚麼都不學，只知「灌頂」與唸咒，殊不知這些只是密宗的事相。學密的人，發菩提心尤其緊要，宗喀巴大士在《菩提道次第廣論》、《密宗道次第廣論》中，關頭便強調發菩提心是學密宗的基礎，只可惜如今已少人強調這點。

當觀世音菩薩向觀世音佛發菩提心時，佛便告訴他一個法門 ——「從聞、思、修入三摩地」。這即是由傾聽法界一切聲音，得證覺性的法門。

一般人傾聽聲音，都是由外界的「聲塵」觸發，觸動耳根，由耳識認知聲音。這個過程，是一種「動相」，妄心即由是生起。

密宗上師教弟子唸咒時，但傾聽自己的聲音；道家內修，亦強調「內聽」，自己聽自己內在的聲音，這種教導，即是為了避免接觸外界聲塵而起妄心，即是避免「聞」的動相。

然而若從究竟義來說，這種做法仍未徹底，因為立意離開動相，這行動的本身，充其量只能稱為「靜相」而已，一切靜相，依然都是妄心。有妄心就不能得「正定」入「三摩地」。因為由靜可以得定，但這種定卻未必正，而「三摩地」卻是正定。

觀世音菩薩初修「聞」時，能修至「入流亡所」，才能「動靜二相了然不生」，由是得正定。甚麼叫做「入流亡所」呢？簡單來說，便是對一切所傾聽的聲音，無論外在內在，皆

不執著，不去領會這是風聲，那是心臟的跳動聲，甚至不去領會一切聲音寂然的靜相，這才得到入正定（三摩地）的基礎。

其後觀世音菩薩依此基礎修持，直至「聞所聞盡，盡聞不住」，終於體會到真實的空性，即是掌握到法界的本質，一切法皆於空性基上自顯現，聲音也無非如此。由是而證菩提。

所以從深義來說，觀世音菩薩的「觀世音」，不只是觀照世間的聲音加以救濟，而是由觀照世間的聲音這法門而得道。

為甚麼我們說「觀照」世間的聲音，而不說「傾聽」世間的聲音呢？那是因為這個法門，絕非憑耳聽而能入，必須用心去觀，然後才能達到「盡聞不住」的境界 ──「盡聞不住」，即是對盡其所聞的一切聲音，都不生執著與分別，亦不著於聲塵之相，例如不認定這是鳥鳴、風吹，甚至不認定萬籟俱寂的靜境。

由「聞」而得道，叫做「耳根圓通」。其實最重要的還是心，修耳根畢竟仍在於修心。

觀世音菩薩來源

許多人信仰觀世音菩薩，但卻認為他是位女身，而且是妙莊王的三公主。這種見地雖然並非毫無根據，但卻並不全面，亦不具體。

首先，我們應該了解，觀世音菩薩絕對是男身，在佛經中，釋迦牟尼稱他為「善男子」，從來沒有稱呼過他是「善

女人」，這即是明顯的證據。

其次我們應該了知，觀世音菩薩其實早已成佛，根據釋迦牟尼的授記，他是一尊古佛，名為「正法明如來」。示現為菩薩身，在塵世救度眾生，只是佛的示現，以「應化身」來作救度事業。

許多佛菩薩常以應化身示現人間，例如彌勒菩薩的應化身，便是宋代的布袋和尚，我們常見寺門供奉一尊法像，大肚皮，背著一個大布袋，或者布袋放在腳邊，和尚卻作伸懶腰的姿態，這便是彌勒的化身了。

又如唐代有兩位禪和子，寒山與拾得，他們即傳是文殊菩薩與普賢菩薩的化身。甚至羅漢亦有化身，例如民間信仰甚深的濟顛和尚（法名道濟），即是羅漢化身。

這些應化身來到人間，有如一場遊戲，但卻是目的很嚴肅的遊戲，在遊戲三昧中救度世人，而佛菩薩的法身，其實依然住在法界。所以雖然有一位觀世音菩薩在人間應化，而且立下度盡眾生的弘願，可是正法明如來法身雖非個體，但卻融入如來法身境界，故可名為法界。

因此我們要說觀音菩薩的來源，便只能由應化身談起，很難追究正法明如來的來歷。充其量我們只能說，古佛示現應化作凡夫身，這應化的凡夫身，曾從觀世音佛問法，然後由聞起修，得十四種無畏功德，證得菩提。

觀世音古佛又為觀世音菩薩授記，能以種種應化身示現度生。在我國，即有三個應化身的故事流傳。

第一個故事是誌公禪師，他是梁武帝時的人。相傳他生於鳥巢，有一位婦人聽見鳥巢內有嬰孩哭啼的聲音，便攀上樹

枝，從鳥巢將這嬰孩抱回家中撫養，孩子到了七歲，發心出家。後來誌公示現了許多神通，令梁武帝對他非常敬仰。梁武帝又怕他一旦圓寂，便無法跟他相見，因此便派當時著名寫人像的畫家張僧繇去替他畫像。

張僧繇替誌公畫像，畫來畫去都畫不好，因為誌公的樣子會變，眼耳口鼻變來變去，無固定形狀。張僧繇只好央求誌公，將形相固定下來。誌公笑了笑，變成一個形相，嚇張僧繇一跳，竟然是十二面觀音的法相。

在六朝時代，十二面觀音的法相流行民間，便是這個緣故。

另一個是唐代的故事。

唐代南山律宗有一位高僧，名為道宣，他持戒精嚴，據說連天人也因此供養他。有一次，他問來供養的天人，觀世音菩薩的來歷到底如何？天人便告訴他，於無量劫前，世間有一位莊嚴王，生有三位公主，長名妙嚴，次名妙音，幼名妙善。妙善出家，修成觀世音菩薩，因此菩薩在凡間示現，實在是莊嚴王的三公主。

這故事流入民間，便變成第三個故事。

故事說，我國春秋時代，有一位楚莊王，他生了三位公主，第三位即是妙善。後來楚莊王得不治之症，醫者說，要用親人的眼睛來合藥，然後才能治好，妙善三公主便將自己的眼睛挖出來，給醫者配藥。

瞎了眼睛之後，妙善出家，並且修成千手千眼的法相，不但原來的眼睛恢復，而且還長出一千隻手，每隻手心都有一個眼睛。

　　後來民間傳說「觀音得道」的故事，大致上便是根據第二、第三個故事演變而來，說觀音是妙莊王的三公主，經歷許多魔難然後得道。

　　從前的婦女沒有消遣，因此便常請尼師齋姑到家中，說唱佛菩薩的故事，稱為「宣寶卷」，「觀音得道」便是寶卷的著名故事，已經經過許多渲染，因此如果一定要追究觀世音菩薩的來歷，我們倒寧願相信道宣律師。

　　我們或者可以這樣說 ——

　　正法明如來示現化身，託生於無量劫前一位莊嚴王家中，俗名妙善。這即是觀世音菩薩的來歷。

　　可是如果這樣說時，便有一個矛盾。因為觀世音菩薩便應該是女身了，釋迦牟尼為甚麼又屢屢呼其為「善男子」呢？足見天人對道宣律師的說法，仍有可存疑之處。或者天人所說的，並非正法明如來的示現，而是觀世音菩薩無限示現中的一次。

　　不過如果留意一下歷代遺留下來的造像，在唐代以前，總是把觀音菩薩塑畫成男身，女身造像則在唐代以後才開始流行，因此我們不妨假定，唐代以前，中國還是供養觀世音菩薩本身，唐代以後，才開始著重供奉觀音的女性應化身。這種情形，當然跟婦女需要在精神上得到抒解有關。

圖四　中國的觀音造型

第二章　化身無盡觀世音

第二章　化身無盡觀世音

觀音應化身

　　諸佛菩薩之中，數應化身之多，恐怕以觀世音菩薩為最，這是顯密二宗所公認。

　　一般情形，顯宗不弘揚密宗的佛菩薩，密宗也不弘揚顯宗的佛菩薩，相信觀音是例外，兩宗都很重視觀音。每一所顯宗的寺廟，大抵都有一座觀音殿，每一所密宗的寺廟，亦一定有觀世音菩薩「六字大明」的咒輪，由此可見觀音法緣之廣。

　　觀音有如斯廣大的法緣，主要原因即在於他許下弘願，用種種應化身來化度眾生。他的化身，遍天人六道，而且即使在人間，他亦化身無盡，用以適應各個階層人士。應化身如此廣大，法緣自然廣大。

　　曾在紐約弘化的顯明老和尚便說過一件故事，當年他在寧波學佛，結伴上普陀山朝禮觀音，在山路上看見一條狗，他踢了這條狗一腳，說道：「好狗不擋道。」狗給他踢跑了，旁邊的同學卻對他說：「哎呀，你把觀音菩薩給踢跑了。」嚇得他出了一身冷汗。

　　這件故事並不是說著玩的，千萬不要以為一條狗就不可以是觀音菩薩的化身。如果有這想法，便不是眾生平等。認為觀音可以化身為狗，絕對不是對菩薩的褻瀆。

　　筆者當年講經，剛巧有一隻蟑螂爬過壇前，有些女聽眾

為之不安，筆者正講到觀音，因此說道：「怕甚麼，你可以將這隻蟑螂觀想成觀世音菩薩。」這樣一說，後來惹到兩個批評。第一，將蟑螂當成觀音，是對菩薩的大不敬；第二，標榜自己，講經時連觀音菩薩都化身來聽。對於這樣的批評，筆者只好一笑置之，因為自己也有錯，未能對機說法，對不適當的根機說不適當的法，自然不會有好評。

可是，我們如果真的景仰觀音，卻真的要了解，觀音菩薩的確在六道都有應化身，不只在人間而已。例如做燄口法事，一定安奉一尊鬼王，叫做「面燃大士」，這鬼王便是觀音在餓鬼道中的應化身。

如果我們說，觀音也做餓鬼，聽起來好像是誹謗，但菩薩如果自己不去做餓鬼，他怎樣能夠去救度那些餓鬼，讓餓鬼明白佛法呢。這樣一想，便知道應該對菩薩更加景仰。

天台宗的智者大師，根據經論，說有六觀音，分別救度六道眾生，這六觀音是——

大悲觀音，能破地獄道障。
大慈觀音，能破餓鬼道障。
獅子無畏觀音，能破畜生道障。
大光普照觀音，能破阿修羅道障。
天人丈夫觀音，能破人道障。
大梵深遠觀音，能破天道障。

這六觀音，即是觀音菩薩在六道中的示現，也即是應化身普及六道的證據。

觀音在《普門品》中自己說，他要救度甚麼人，便示現甚麼身，因此他現地獄身、餓鬼身、畜生身，便是很自然的事。

整篇《普門品》，主要是佛說觀音菩薩的化身——

> 佛告無盡意菩薩：善男子，若有國土眾生，應以佛身
> 得度者，觀世音菩薩即現佛身而為說法；應以辟支佛
> 身得度者，即現辟支佛身而為說法；應以聲聞身得度
> 者，即現聲聞身而為說法……。

這樣一路數下去，觀音還示現梵王身、帝釋身、自在天身、大自在天身、天大將軍身、毗沙門身、小王身、長者身、居士身、宰官身、婆羅門身、比丘比丘尼優婆塞優婆夷身、婦女身、童男童女身、天龍夜叉乾闥婆阿修羅迦樓羅緊那羅摩睺羅伽等天龍八部身、人身、非人身、執金剛神身等——這即是所謂「三十二應化身」。

這裡頭雖然沒有說到地獄、餓鬼、畜生，然而若依照經文的精神，我們亦沒有理由說觀音不會示現地獄、餓鬼、畜生相。

因此學佛的人，於初發菩提心時，便已經要將六道眾生視為觀音菩薩的示現。學密宗的人更應該如此，因為藏人將達賴喇嘛視為觀世音的化身。達賴喇嘛住在布達拉宮，為甚麼叫做「布達拉」呢？因為照《華嚴經》所說，觀音菩薩住在「補怛洛迦」山（Potalaka），「布達拉」（Potala）便即是「補怛洛迦」，只不過略作簡略。我國的「普陀山」，「普陀」亦是「補怛」二字的異譯。所以普陀山即是觀音菩薩的道場。

密宗所說的六觀音，跟天台宗智者大師的說法不同，分別為——

聖觀音
千手千眼觀音
馬頭觀音

十一面觀音

如意輪觀音

準提觀音（准胝觀音）

在密宗六觀音中，與漢土眾生最有緣的，恐怕無過於千手千眼觀音了，許多人唸《大悲咒》，此咒即是千手千眼觀音宣說的真言，以後我們便要介紹到它。

密宗雖然沒有將六觀音分配救度六道，可是卻將「六字大明」分配救度。

六字大明即是 ——

嗡瑪尼啤咩吽

「瑪尼」（maṇi）即是「摩尼」，是即摩尼寶珠，亦稱為如意珠，凡有所求，無不如意，咒文用來代表世間法，令眾生皆得世間如意；「啤咩」（padme）即是蓮花，蓮花清淨，咒文用來代表出世間法。所以六字大明，兼有世間及出世間的利益。

在修此咒六字的觀想時，觀法如下 ——

嗡　白色　解脫天道輪迴苦

瑪　藍色　解脫阿修羅道輪迴苦

尼　黃色　解脫人道輪迴苦

啤　綠色　解脫畜生道輪迴苦

咩　紅色　解脫餓鬼道輪迴苦

吽　黑色　解脫地獄道輪迴苦

所以修密宗的人，把「尼」字看成是自己的種子字。它的寫法是

　　經常觀想此字在心中，發黃色光，已經有功德 —— 如果
受過密法修習的人，自然可以進一步觀本尊的種子字，不必拘
泥於筆者所說。

　　密宗還用此六字來閉塞輪迴六道之門，即分別用此六字
來閉天、阿修羅 …… 以至地獄的道路。當六道之門都閉盡
時，便只餘佛道，因此便可解脫輪迴之苦 —— 然而這說法亦
只能供參考，視之為解脫的「方便道」可矣，因為涅槃並不是
這麼輕便的事。

　　然而無論天台宗的六觀音，以及密宗的六觀音，都是觀
音菩薩的應化身、應化六道，毫無疑問。

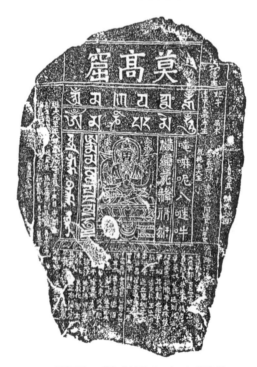

圖五　莫高窟六字大明咒

觀音與上帝及其他

「有一部經，名為《佛說大乘莊嚴寶王經》，此經不甚流通，因此經中所說，關於觀音菩薩的事，便較少人知道。

經云，釋迦說法，菩薩及天龍八部皆來聚會，連異見外道（即是佛家以外的其他哲學流派）亦來聚會。

這時候，阿鼻地獄忽然放出光明，遍照法會的場地祇陀林園，而且變現成七寶黃金的殿閣樓宇，七寶池、八功德水，池上開遍上妙圓滿的花，如是種種莊嚴妙相。

除蓋障菩薩於是頂禮釋迦，問曰：「於今此處有大光明，為從何來？以何因緣而現如是希奇之相？」

釋迦告訴他說，這是因為觀自在菩薩入大阿鼻地獄，為欲救度一切受諸大苦惱的地獄眾生之故。菩薩到了地獄，火燄地獄亦變得清涼，火坑變成蓮池。

當時閻摩天子以天眼通，見到是觀自在菩薩到了地獄，便趕快去頂禮，且以偈讚曰──

皈命蓮花王	大悲觀自在
能施有情願	具大威神力
降伏極暴惡	暗趣為明燈
觀者皆無畏	示現百千臂
其眼亦復然	具足十一面
智如四大海	……

依偈讚所說，千手千眼，十一面，這便已是「千手千眼觀音」之相。

　　觀音救度地獄苦後，又去到餓鬼大城，其城熾燃業火立時變得清涼，菩薩於是以大威神力，手指足指各各出河，一一毛孔亦皆出大河，令諸餓鬼飲諸河水，於是餓鬼口中的火燄熄滅，本來細如針孔的咽喉變得寬大，復得種種上味飲食，由是獲得救度。

　　觀音救度地獄與餓鬼之後，「又往他方諸世界中救度有情」。

　　這段經文，即是描述觀音救度六道眾生的功德，其實亦是喻意而已。並非菩薩一到，地獄餓鬼城就立刻清淨無餘，救度眾生如果這麼容易，反而顯不出菩薩救度眾生的願力宏大。佛經許多時都用喻意，對於世事，許多人於處事時一味鑽入牛角尖，將人將己逼入困境，這時便等如自入阿鼻地獄，受地獄火燄煎熬。如果放寬一步，便是清涼境界。

　　不過，說起來似乎很容易，做起來卻實在不易，能放寬一步，心中就有如觀世音菩薩放出光明。觀音救度六道眾生，並不是單憑他的威神力，放大光明就可以辦到，眾生必須自度，自己心中放光，然後才可以清除業力，令熾熱變得清涼。因此經中有一段文字，十分重要。

　　經云：「眾餓鬼因飲河水得到安樂，便各各思念。唯南贍部洲的人常受清涼安穩快樂，因此便去往生。」

　　南贍部洲指的便是我們這個世界，我們有沒有感到「常受清涼安穩快樂」呢？因為股票價位的上落，我們可以失眠；因為打麻將給人「截胡」，我們可以發火；因為一言半語，我們可以暴跳如雷，是何清涼安穩快樂之有也。

　　但跟餓鬼的世界比較起來，我們的確已經算清涼安穩快

樂。因為我們的共業畢竟比餓鬼的共業好。經中很強調，只有南贍部洲的人，才有機會學佛修行，因此才有一個清涼世界，這便是共業的問題了。

除蓋障菩薩聽過釋迦述說觀音救度眾生的事跡之後，便問釋迦：「世尊，觀自在菩薩云何有如是大威神力？」釋迦便對他說：「於過去世無量劫前，有佛名式棄如來，於如來法會上，如來忽口放各色光明，其光遍照十方一切世界。其光復遶佛三匝，入於佛口。是時寶手菩薩頂禮式棄如來，問為甚麼出現如斯祥瑞，式棄如來告訴他說，因為觀自在菩薩要來，所以出現祥瑞。」

後來觀音到臨法會道場，立時天雨七寶，生出寶樹妙花。觀音手執金色千葉蓮花，向式棄如來頂禮，說此花是無量壽佛的禮物。獻花畢，忽然不見，猶如火燄入於虛空。

寶手菩薩因向式棄如來追問，觀音到底有甚麼福德，式棄如來因說——

假如四大部洲一年十二個月晝夜降雨不絕，我能數其一一滴數，但對觀音的福德卻不能數盡。

假如大海深廣八萬四千踰繕那，如是四大海水能數其一一滴數，但對觀音的福德卻不能數盡。

假如四大部洲所有四足的生物，能盡數其身上一一所有毛數，但對觀音的福德卻不能數盡。

假如能數盡四大部洲一一林樹的葉數，但對觀音的福德卻不能數盡。

觀音所具的福德，可謂無量無邊無數，只因為他救度地

獄、餓鬼,以至各世界的一切眾生。菩薩又能現種種應化身說法。

觀音菩薩於眼中出日月;於額中出大自在天;於肩上出梵王天;於心中出那羅延天;於牙中出大辯才天;於口中出風天;於臍中出地天;於腹中出水天。

當於身上生出種種天王時,觀音對大自在天說:於未來世末法時,有執邪見的眾生,會說你是萬物的主宰,能生出一切眾生。那時的人失菩提道,愚癡迷惑,便會說道:「**此虛空大身,大地以為座,境界及有情,皆從是身出。**」

能救度六道眾生,其福德即無量無數,這便是佛家重視菩提心的體現。因此菩提心一起,便即是光明的境界。我們不需要執著於是否真的看見光明,只需體會,心放光明即能遍照十方法界這一法義。學佛的人,如果只求自身的福報,意義便小,必須能放心於萬物,而且心地光明,意義才大。

至於說諸天皆從觀音菩薩身中出,亦是一重喻義而已。佛家不說開闢宇宙的最初因,但末法時代,失去菩提心的眾生卻會說最初因,而且會塑造一個造物主,因此經中才故意說,被人認為是萬物主宰的神,亦不過從觀音身中生出,由是用以破除對造物主的迷信。

這一破,牽涉到許多信仰有造物主的宗教。猶太教的上帝,伊斯蘭教的真神阿拉,印度教的婆羅摩、濕婆、維修奴三大神,便即是大自在天、那羅延天、大梵天之類而已。

也許有人會問:這些宗教亦教人向善,為甚麼卻被視為「失菩提道」呢?

依佛家的哲學而言,這便是層次的問題了。教人向善,

充其量只是菩提心的一邊，只有慈悲，但卻缺少菩提心的另一邊——智慧。

佛家的出世間智慧，能救度眾生脫離輪迴之苦，得到安住法界的涅槃。

對眾生慈悲，或者以財物加以救濟，只能使眾生暫時抒解困苦，可是卻未能根本解決問題，根本問題是：輪迴即是一個苦海。

觀音菩薩的福德與功德，即在慈悲與智慧兩邊，不但救眾生眼前的苦，而且救眾生根本的苦。

所以在經中，觀音菩薩對式棄如來說，所有眾生，他都救度，「拔離諸惡趣，當得阿耨多羅三藐三菩提」。

「阿耨多羅三藐三菩提」，意譯為「無上正等正覺」，這是成佛的境界。能得「覺」，才不會沈淪於輪迴的苦海，才是根本問題的解決。以行善的方式追求永生，比較起來，至少低一層次。

因此在《般若波羅蜜多心經》中，關頭即點出這點——

> 觀自在菩薩行深般若波羅蜜多時，照見五蘊皆空，度一切苦厄。

人之有諸般苦惱，在於有身見、我見。此身此我無非只是五蘊的集合體，若能洞悉五蘊皆空的道理，便不會執此身為實有，執自我為實有，並由自我出發，作出種種虛妄顛倒，以致成為輪迴的因。

觀自在菩薩破除「一切苦厄」的因，即是破除輪迴的因，其法門便是「入深般若波羅蜜多行」——「般若」是出世

間的智慧，「波羅蜜多」是到達彼岸之意，故「深般若波羅蜜多行」，便是憑出世間智慧脫離生死輪迴的苦海，到達清淨的彼岸。

因此如果太強調觀音大慈大悲的一面，便覺偏頗，一定要知道他還有智慧的一面，然後才能了解他的全面。

魚籃觀音

依佛經的說法，觀音有「三十二應化身」。然而三十二這個數字，只不過舉例而言，並不是說就不許有第三十三個觀音菩薩的化身出現。因此民間傳說，便有「三十二應化身」之外觀音化身。在我國，最著名的便是「魚籃觀音」。

魚籃觀音出現在宋代的福建泉州。

在宋代，福建的文化很高，可以跟江浙相比，那是由於當日的大儒朱熹曾在福建講學，受過大儒薰陶，當地便多文人學士。

其時有一位著名文士，叫做蔡襄，他被貶作泉州知府之際，鑑於晉江縣的洛陽江時常有溺斃渡河人的事，便決心要建一道橋 —— 這即是現在的萬安橋，民間亦稱之為「洛陽橋」。

然而洛陽江的江面很寬，建一道橋便要橫跨兩里，這自然是一項大工程。蔡知府計量一下工程，真的有心無力，於是便向觀音菩薩祈禱。

忽一日，晉江縣來了一個手提魚籃的少女，美麗得不可方物，自稱父母雙亡，無依無靠，想嫁人，這樣一來便自然有

許多人垂涎，賣魚女便擺下魚籃，請他們向籃中擲金錢，誰擲中得最多，就嫁給誰，擲不中的錢，交給蔡知府拿來蓋橋。

這消息一出，許多人便來擲錢，可是卻奇怪，明明只距離幾尺，幾乎伸手就可以擲中，但金錢擲過去時，總是差這麼一點點，統統都掉在籃邊，蔡知府派人去收，一日就收滿十大籮。

愈擲不中，那些人便愈不忿氣，傳開來，便連小孩老頭都去擲，不是想娶那賣魚女，只是不信邪，如是哄動了一個多月，算一算，蓋橋的錢也差不多夠了。

那時候，賣魚女便變花樣了，說，既然你們擲錢老擲不中，我不如給你們另一個機會，如果有人能背得出《普門品》，一字不誤的，我就嫁給他。

第二天，許多人搶著來背《普門品》，竟然有二十個人背得一字不漏。賣魚女於是對這二十人說：「我總不能嫁給二十個人，這樣罷，你們二十人中，明天來背《金剛經》，誰人能背得一字不漏，我就嫁給誰。」

二十個人背《金剛經》的結果，是有十個人能夠完全背出。賣魚女便叫他們明天來背《法華經》——《普門品》只是這部大經中的一品而已。

《法華經》的篇幅很大，真不容易背，可是卻偏偏有一個姓馬的人能夠完全背出，當下圍觀的人可高興了，立時起哄，要賣魚女嫁給他，蔡知府也答應主持婚事。

這場婚事，轟動整個泉州，然而就在花轎裡頭，這賣魚女卻嚷肚痛，待到花轎檯到新郎家時，賣魚女已死在花轎裡面。

一場喜事變成一場喪事，不但馬家的人喪氣，闔泉州府的人都不開心。馬家只好拆掉喜帳，改搭喪棚發喪。可是檯棺木上山的仵作卻發現，棺材愈來愈輕，及至到了山地，打開棺材一看，那裡還有甚麼賣魚女的屍身。這一下哄動起來，人們便說，賣魚女正是觀音菩薩的化身，她不但助蔡知府蓋橋，還乘機傳播佛經。

因此，人們便將觀音菩薩這個化身，叫做「魚籃觀音」，也有叫做「馬郎觀音」的。這是觀音應化身第一次以女相出現。

所以我們看宋代以前的佛像、石刻、壁畫，觀音菩薩一律是男身，甚至連鬍鬚都刻畫出來，可是宋代中期以後，便開始流行女相的觀音像了。亦唯有我們中國，觀音有女相傳播，在其他國家，觀音一律是男相。

附圖是宋末元初著名書畫家趙孟頫畫的《魚籃大士圖》，觀音穿白色的衣裙，髮鬟插花，雙足穿屐露趾，提魚籃的手，指甲修長，已儼然是女身的觀音像。從此以後，要向人解釋觀音菩薩本是男身，便已很費唇舌。

宋代的石刻，因為傳統的關係，不敢隨便將觀音刻成女身，於是便將之刻成帶女性化的男身，算是折衷。其實如果了解到觀音有「應化身」，則男身女身根本不是問題，你甚至可以將觀音刻畫成小孩、鬼王，以至地獄眾生，因為這本來即是菩薩的宏願。

圖六　元趙孟頫畫魚籃觀音

水月觀音

關於觀音菩薩的塑像，唐代以前，一律是以「脇侍」的身份出現。凡塑一舖西方阿彌陀佛的像，至少要塑三尊，即中央為阿彌陀佛（即是無量壽佛），佛的左脇邊，為觀世音菩薩，右脇邊，為大勢至菩薩。如是三尊，稱為一舖。

因為菩薩是侍立於佛的兩旁，所以都塑成立像。依照慣例，觀音和大勢至都站在龍頭之上，而且龍頭對向，所以便有些人將這種「脇侍」形式的觀音像，稱之為「龍頭觀音」。

傳說龍能興雲佈雨，因此人們便一下子將「龍頭」跟水聯想起來。加上佛經說，西方阿彌陀佛的淨土，有七寶池、八功德水，池上開遍蓮花，這就更加強了水與觀音的關係。

所以由「龍頭」訛音為「瀧頭」，便有人把觀音畫成坐在山巖之上，觀看瀑布，稱為「瀧頭觀音」。後來的人則改稱之為「瀧見觀音」，避免與「龍頭觀音」混淆，由是觀音便又多了一兩個應化身的像。

但更重要的，卻是「水月觀音」的形成。

大概因為水性流動，而且能清淨污垢的關係，許多民族，都把水跟智慧聯想在一起，例如希臘神話中的音樂女神，便從水中誕生，印度婆羅門教的音樂天女，便是群居於水邊的精靈。我國亦不例外，「仁者樂山，智者樂水」，水便更是智慧的化身。

前邊說過，觀音最大的功德是發菩提心，誓願度六度眾生得菩提道，而菩提心則是無量大悲，加上出世間的智慧，因此便有些塑像，將觀音菩薩塑成正在思考問題的樣子，後

世有人把這種觀音塑像稱為「思維觀音」。塑像的特色，是左手屈指托腮，雙眉有點緊，兩眼垂簾，一副正在思考問題的樣子。

然而這種造型，不久又有改變，觀音仍然是思維的樣子，可是坐姿已有不同，右膝豎起，左足下垂，左手搭在膝蓋上，右手撐著坐墊。這種坐姿，圖像學稱為「輪王坐」，即是印度國王見大臣時的坐姿。

採用國王的坐姿，很可能跟諸天天王皆由觀音身中出生這一傳說有關，國王如是坐，天王亦如是坐，作為諸天王之母的觀音菩薩，當然便也可以這樣坐。

同時還可以注意到，採輪王坐姿的觀音，衣飾花紋一般都比較華麗，項際胸前已有纓絡，足上亦有腳鐲。這類裝飾，佛家稱為「嚴飾」，意思是用來莊嚴佛或菩薩之身。

到這時候，便已為「如意輪觀音」奠下了雛型。只須在菩薩身後添上圓光，而且將圓光造成法輪的樣子，那便是如意輪觀音了。

可是另一方面，藝術家卻又傾向於自然，將觀音菩薩置身於水邊，頭部依然有圓光，圓光後卻是一片水色，加上蓮花，便成為「水月觀音」。

水月觀音雖然通身嚴飾，坐姿卻很悠閒，右足下垂踏地，左足則置於右膝之上，圖像學稱這種坐姿為「遊戲坐」。稱為「遊戲」，並不是指兒童遊戲，而是指其於說法莊嚴之餘的休息。所以菩薩的雙手，便閒閒攀著左膝的膝頭，完全是普通人毫無拘束的休閒坐姿。

從唐代一直至宋代初年，終於發展成兩個定型，即是

「如意輪觀音」與「水月觀音」。前者是強調其法身的莊嚴，後者則是將菩薩人間化，然而二者都強調他的智慧。

在這階段，觀音的造像有鬚髭，顯然是男身。可是再發展，觀音便女性化了。

「如意輪觀音」與「水月觀音」，雖然同樣是「思維觀音」的發展，可是民間卻比較上喜歡水月觀音。直到如今，有些寺廟的觀音殿，還冠上「水月宮」的稱號，這即便是明證。但水月宮中供奉的，卻已經是「白衣觀音」，因為白衣觀音正是由水月觀音轉化出來的造型。

由五代到宋初，水月觀音普遍得到信仰，有許多關於觀音靈應的故事，都是現水月觀音的身。大抵月代表光明，水可以洗滌污垢，因此人們便感到水月觀音的水與月，都可以對自己加以救度。

宋初還流行一條「水月觀音咒」。咒為──

　　怛姪他，呵呵呵呵，壹隸弭隸，止隸婢隸，棄隸呬隸，莎訶。

如果用現代音來讀，便是──

　　打也他，哈哈哈哈，伊禮密禮，咨禮偪禮，希禮希禮，梭哈。

其羅馬字母對音如下──

　　tadyathā haha haha ili mili cili pili hili hili svāhā

這條咒，本來是「十一面觀音」的咒，用以加持水及衣。凡入道場修十一面觀音法，先持此咒七遍加持淨水，用淨水灑身，同時觀想淨水除淨自己的罪業污垢；又持此咒七

遍加持衣服，同時觀想有光明照射於衣服之上，將之潔淨，然後更衣。大概由於涉及淨水與光明，所以人們便將之當成「水月觀音」的咒，清淨自己的災殃病苦。

後來水月觀音轉化成白衣觀音，仍有人於念觀音經前先持此咒。筆者童年，庶祖母盧太夫人便常持此咒，而且吩咐下人將持咒的水，加入浴盆，為筆者沐浴。

為清理眉目，茲列一表，以明觀音造型的轉化系統 ——

龍頭 —— 瀧見 —— 思維 ┬── 如意輪
　　　　　　　　　　　└── 水月 —— 白衣

圖七　龍頭觀音
作為阿彌陀佛脅侍的觀音菩薩,
一般稱為「龍頭觀音」。

圖八　如意觀音

思維觀音，後世將此造型轉化為
「如意觀音」。

圖九　思維觀音

圖十　水月觀音

此為敦煌莫高窟所發現水月觀音圖中
最佳者，因水月觀音圖從五代至宋
均有共通之特色，唯宋末以後次第轉化成
後世之白衣觀音形。

白衣觀音

筆者家乘中有三件事，跟白衣觀音都有因緣，其中一件且與筆者自己有關，不妨說出來讓讀者於茶餘飯後作為談助。

筆者的「談」姓很僻，不似姓「譚」的人多，但這個姓卻很古老。周武王伐紂，打敗了商民族，將商人的一支移置於山東，封為紂王族叔箕子的食邑。所以史稱「箕子封於談」。如今山東還有一個郯城縣，「郯」便即是「談」，那是箕子封邑之所在。

於明代，移民治邊，主要是對付滿洲，那時筆者的老祖宗便給移置於鐵嶺，即是今日的瀋陽一帶。

到了明末，許多明代的邊民給收編為八旗軍，於是便成為「漢軍鑲白旗」籍。許多人因為「旗籍」，便將筆者當成滿洲人，其實不是。推本溯源，可視之為商民族的漢人。

八旗兵派駐全國重鎮，筆者的老祖宗給派來廣州駐防，屬於平南王尚可喜的部下。這位老祖宗名有貴公，是由東北到廣東的第一代，因此家乘中稱之為「下廣祖」。

到了第二代，恰當「三藩之亂」，尚可喜已死，他的兒子尚之信反清，有貴公是得力的將領，及至反清失敗，有貴公已逝世，但卻禍延後代，只能藏匿起來。如是傳到第三代，可謂已成赤貧。第四代祖姚崔太君嫁入談門不久，懷有身孕，然而貧賤夫妻百事哀，因些小故，夫妻反目，加上翁姑不諒，便想自殺。她自小隨母親念《觀音經》、《大悲咒》，便於夜靜誦經咒完畢後，悄悄開門，在門前的樹上上吊。

正當她感到暈厥之際，模糊間便見到白衣觀音，對她說，你腹中懷的是貴子，不要傻，將來還有許多好日子。正在此時，上吊的繩忽斷，驚動鄰舍將之扶回家內。

及至後來生產，得一子，便是第五代廣楠公。因為白衣觀音說他是「貴子」，因此崔太君便做點針黹，供他讀書，到了廣楠公長大，恰當太平天國起義，廣楠公被徵入伍，因為精通文墨，便被派作將軍的書記。

廣東這支清軍上廣西跟太平軍作戰，一場戰役，全軍覆沒，於危急際，將軍把印信交給廣楠公，叫他護印回廣州，可是後來廣楠公亦受了傷，暈倒在戰場。

當他清醒之時，只見屍積如山，四周都是戰死的夥伴，坐起來望，則見處身於一山丘之上，山下是太平天國的旌旗，當時便默默祈禱，如果能夠脫身，七月盂蘭，必為戰死的眾兄弟打齋超度。

祈禱完畢，便又臥下，只誦母親傳給他的《觀音經》與《大悲咒》。

不久，太平軍上來搜山了，凡屍首都補刺一槍。廣楠公屏息而臥，嚇得半死，瞇矓半眼，只見一個太平軍提槍正要刺向自己，忽然有人喊這士兵一聲，不知說甚麼，那士兵回頭答話之後，便捨廣楠公而去，只刺他旁的屍身。因此廣楠公便逃過了一場大難。

廣楠公待太平軍下山之後，坐起身，其時日色已暮，心想，明天太平軍必來收屍，所以今夜非走不可，摸摸懷中，將軍的印信仍在，試著站起來，卻雙膝發軟，已不知多少天滴水未沾脣。

　　正傍徨間，只聽見有腳步聲，廣楠公連忙臥下，看時，卻見一個老太婆攜著一個藤籃上山，這時也不管山下圍滿太平軍，老太婆如何能夠上來，便索性站起來請老太婆救命。老太婆打開藤籃，拿出一碗芝麻醬，給廣楠公吃，當時飢不擇食，拿起芝麻醬，用手指挑來吃，三下五落二吃個精光，老太婆微微一笑，轉身便走，廣楠公福至心靈，立即隨著她走，其時暮色蒼黃，沿路只見太平軍離山不過百尺，可是掩掩映映，隨著老太婆居然平安到了山腳，而且可以望到遠處的炊煙。正當此時，老太婆卻忽然不見了。廣楠公因此相信，老太婆即是觀音菩薩的化身。

　　經此一役，廣楠公因護印有功，從此便平步青雲，後來成為駐防廣州八旗軍的將領，終身奉白衣觀音不輟，每年盂蘭，亦必搭棚延僧眾打齋。這後來就成為我家的傳統。筆者童年還看過一場「打大齋」，搭大齋棚，由內廳一直搭至大門，一連四進，每進都有一眾僧尼做法事，打齋時設齋席，任來拜佛的人食用，滿八個人便開席，稱為「流水席」。至於供奉觀音，更是每房人必做的事，媳婦嫁入門，家婆便會叫她供觀音。

　　至於筆者自己，則可謂跟自己個人的命運有關，蓋筆者一生易招人妒忌誹謗，自童年即已如此，家族中有許多人，覺得筆者的存在便是他們的路障。

　　因此三歲那年，便有人買通下人，用一根生鏽的鐵釘，刺入筆者的右眼，只經一夜，右眼腫大如雞卵。翌日去看西醫，醫生搖首，換一個西醫眼科，同樣搖首。母親抱著筆者，一天去看過七個西醫、三個中醫，沒有一個醫生有把握可以保住這隻眼睛。

　　過兩天，發高燒，情形更加嚴重，父親也精通中醫醫理，跟眼科醫生一商量，決定一邊打針退燒，一邊服中醫眼科的秘方「珍珠散」，此散服後，能將病情固定，即是肯定右眼會失明，但左眼卻可保，不致受到感染。

　　這時候，筆者的庶祖母及母親都正唸《大悲咒》、拜觀音，當藥散持來之時，筆者忽然扎手扎腳大哭，聲震屋瓦，母親便來抱筆者，一邊拍，一邊卻走出大門。一出大門，便見一位和尚站在門前，問這家人是不是姓談，有沒有人生眼病，正跟看門人答話，和尚見到筆者的右眼紅腫流膿，便說：「是了，你派人跟我去拿大悲咒水，一洗就好，是我師父報夢，叫我拿大悲咒水替這小孩醫眼的。」

　　母親千多萬謝，便叫近身隨那和尚去拿，一會兒，近身便拿著一個瓷瓶回來，說一轉街角，和尚便從懷中掏出這瓷瓶交給她，不知為甚麼在門前他不交給太太。

　　當時那管得這麼多，立刻便倒出瓷瓶的水，替筆者洗眼，一邊洗，一邊唸《大悲咒》。如是一日夜洗過三四次，紅腫還未開始退，看看瓶中剩下來的水已經不多，才想起忘記問那和尚的法號及寺廟，又責怪近身。還是庶祖母明白，說咒水不會不夠，節省一點，儘管洗好了，那和尚不會救人救一半。

　　及至咒水洗完，筆者的傷口已癒，還排出一些鐵鏽，後來用鐵釘刺筆者右眼的下人，給警察找到，父親吩咐放人了事，問也不問，因為問出主謀便是家族之羞。

　　後來，筆者的右眼從此變成散光，影響左眼也有散光，至十多歲又加上近視，四十多歲時還添上「老花」，真是「三及第」俱全，然而不致一目失明，眼根殘缺，已是不幸中

之大幸。

然而當時遍訪廣州的寺門，都找不到捨大悲咒水的和尚，跟佛門中人打聽，也打聽不出有那位高僧，生前以持《大悲咒》及修大悲咒水聞名，唯一的可能，是澳門竹林寺，老方丈修大悲咒水，可是那和尚又不似從澳門來廣州的樣子。父親及母親亦曾專程往澳門竹林寺參佛，拜觀音，打聽之下亦不得要領，是故這件公案，至今尚只能存疑。

然而無論如何，這畢竟是白衣觀音的因緣，因為漢地凡唸《大悲咒》的人，都奉白衣觀音。不似藏地，奉千手千眼觀音。

筆者幾代人，不斷受到觀音菩薩的恩惠，追源溯流，都是崔太君勤唸《普門品》及《大悲咒》之故，到如今，筆者信奉密宗，能有機會向讀者談及觀世音與《大悲咒》，若能因此令人對《大悲咒》多點敬仰之心，甚或因此持誦，則庶幾能報洪恩之點滴矣。

關於白衣觀音，則顯然是由水月觀音的造型演化而成。

白衣觀音的初期造型，依然是坐像，而且依然豎膝，雙手放在膝蓋上，到後來才演變成為立姿。

由於白衣觀音已經徹底女性化，所以便有漢地的髮髻，穿披肩，露胸，穿長裙，外衣，儼然是宋代婦女的打扮。到了成為立姿之後，「觀音兜」便也告出現，那是連披肩的頭兜，從此白衣觀音便告定型。

可是直到明代，白衣觀音都未手持淨瓶楊枝。楊枝淨瓶是從「藥王觀音」借來的法器。也可以說，如今手持楊枝甘露的白衣觀音，其實是水月觀音與藥王觀音的混合造型。

　　信仰觀音的信徒，可以說，是憑自己對觀音的信仰與理解，塑造出許多觀音的形相。這樣說，或有人懷疑，豈不是觀音亦由人造，人造出來的觀音，怎會有靈應？

　　殊不知，一切法相皆由人造，不但觀音如是，一切佛、菩薩、空行、護法的法相，其實都由人造，造像的時候，給法相加上許多表義，這些表義即代表人們對諸聖眾的各別敬仰，若執著於要有「實相」才能修持，那便是對佛家的「空性」不夠理解。《金剛經》說：「若以色見我，以音聲求我，是人行邪道，不能見如來。」便是這個意思。對於諸佛菩薩的崇拜，絕對不能執著於色相。

　　寫到這裡，筆者不禁還有一點感慨。如今密法忽然盛行，學密宗變成時髦，作為密宗的信徒，筆者對此情形本應感到高興，然而恰恰相反，自己卻看到危機之所在。

　　為甚麼呢？

　　有人問一位密宗上師，我奉白衣觀音，可不可以繼續供奉，此上師便斥之曰：「有四臂觀音你不供奉，去供奉白衣觀音！」信徒聞言，十分惶惑，於是便跟筆者談及。

　　這位上師，連觀音都要分等級，好似四臂觀音比白衣觀音高級的樣子，不但有分別心、是非心，而且太著重於色相。觀音自己也說自己有種種應化身，誰人能夠下判斷，那一種應化身高，那一種應化身低？又誰能判斷，那一種形象好，那一種形象壞？四臂觀音在密法上有他的源頭，有法可修，有咒可持，法門是較白衣觀音為完整，但卻不等於學密宗的人就不可供奉白衣觀音。

　　但是，分別心卻已成為風氣，大家修密宗的「黃財

神」，還要分我的黃財神和你的黃財神，甚至連黃財神手捧的寶鼬，還要分大小，這就根本不是學佛，只是修持色相，追求人間福報。

如果學密宗的人，都抱著這種態度，那便絕非密宗之福，亦非佛教之福。由於印度佛法滅亡之前五百年，印度是密宗流行的時代，因此如今有些法師，便亦擔心密宗在世界流行，會不會造成佛法滅亡的機運。許多密宗行者都說不會，但筆者卻覺得未嘗沒有可能，問題在於，傳密法的人能否有遠見，不強調一法一咒的殊勝，而能使弟子確實生起菩提心，知正法正見。如果有意無意引導弟子，以為密宗的觀音比漢土的觀音殊勝，那便犯大過失了。

倘如藉著目前的形勢，有意使人誤會密宗好過顯宗，密宗上師好過顯宗的和尚，持咒好過唸經，那便更是罪過。筆者亦有講佛法的機會，但無論在甚麼場合，都強調學顯學密只是學者根器的問題，有如食甜食辣，各人自有所宜，一切法都殊勝，千萬不可生分別心。

因此筆者屢屢說，與其到處找，找不到密宗的好上師，為甚麼不去學淨土宗、學天台宗、學華嚴宗、學法相宗呢？一定要學密宗，結果卻錯投偽師門下，真是可惜的事。

談白衣觀音，卻牽涉到目前佛教傳播的現況，有點「跑野馬」，但由「家家觀世音」的白衣觀音，變成「家家觀世音」的四臂觀音，卻實在是一場很大的考驗，如果考試不及格，佛法便真有可能亡於密宗之手。作為密宗信徒，筆者真的憂心忡忡。

頂禮四臂觀音。

頂禮白衣觀音。

頂禮一切形相的觀音應化身。

圖十一　白衣觀音

圖十二　白衣觀音

密宗的觀音

顯宗有六觀音，密宗亦有六觀音，但卻不必硬要把他們一一對應起來。密宗的觀音，最與眾生有緣的，恐怕無過於聖觀音了。聖觀音即是四臂觀音。

四臂觀音一手持唸珠，一手持半開放的蓮花（藏名「烏巴拉花」），餘兩手合什當胸。他的心咒，即「六字大明」，無論顯密兩宗的人都唸。近年由於密宗流行於世，便連許多洋人都唸此咒，而且還依足唸這咒的法門——

om	ma	ni	be	me	hung
嗡	瑪	尼	啤	咩	吽

持此咒時，想自己的心中有一輪圓月，普放光明，照得身內湛然澄澈，然後在臍中吐出一聲「嗡」字——

唸「嗡」字時，觀想此聲喚醒身中「空大」，將「色蘊」轉成毘盧遮那佛。

唸「瑪」字，則由左脇發聲，作為東方，觀想此聲喚醒身中「水大」，將「識蘊」轉成不動佛。

唸「尼」字，則由喉間發聲，作為南方，觀想此聲喚醒身中「地大」，將「受蘊」轉成寶生佛。

唸「啤」字，則由右脇發聲，作為西方，觀想此聲喚醒身中「火大」，將「想蘊」轉成阿彌陀佛（即無量壽佛）。

　　唸「咩」字，則由臍下四指之生法宮發聲（生法宮約相當於道家的丹田），作為北方，觀想此聲喚醒身中「風大」，將「行蘊」轉成不空成就佛。

　　唸「吽」字，則由頂上梵穴發聲（梵穴約相當於道家的泥丸），且觀想金剛持住頂。

　　茲將上述各項，列表如下，以清眉目：

咒字	咒音	發聲位置	五方	五大	五蘊
ༀ	嗡	臍	中	空	色
མ	瑪	左	東	水	識
ཎི	尼	喉	南	地	受
པད	啤	右	西	火	想
མེ	咩	生法宮	北	風	行
ཧཱུྃ	吽	梵穴	—	—	—

　　有一齣電影，說一個學密宗的洋人生病，女朋友逼他看醫生，他不肯，只關起門唸「六字大明」，一邊唸一邊做手勢，表示發聲的位置，如是唸了半天，便居然病好。電影所描述的，正是反映密宗熱的現象。所以如今連許多根本不知密宗為何物的洋人，亦知道「嗡瑪尼啤咩吽」是甚麼一回事，觀音菩薩法緣之廣，於此可見。

　　關於這「六字大明」，筆者還知道一件靈應的故事 ——

　　十多年前，大陸人還流行偷渡，有一次，四個年輕人一齊偷渡，其中一人，臨行前他的外公教以「六字大明」，叫他危急時想著觀音菩薩來唸，及至到達梧桐山，邊防軍放軍犬出來追他們四個，這年輕人想起外公的話，立即持咒，說也奇怪，其餘三個偷渡者都給軍犬咬住衣襟，雙爪搭住肩膊，無法彈動，可是餘下來的軍犬，卻寧願繞著已受制的三個偷渡者團團轉，而不去抓他，於千鈞一髮之際，他便能爬過鐵絲網進入香港境。

　　這類靈驗，可以說是四臂觀音的加持力，但亦可以解釋為人體潛能的發揮。當人能集中意念，心不散亂之時，潛能便可以發揮作用，例如能自動調節身體的機能，治好傷風感冒，亦可能發出肉眼所不能見的光 ── 輻射，使軍犬感到不舒服，不敢接近。

　　筆者自己便曾做過一個小小的實驗，當修密法時，心意集中於自成本尊，家中養的小狗便會自行離去，可是當收回心念，想到替小狗除障，使其來生得轉人身之時，小狗便搖頭擺尾坐在筆者的身邊。這種情形，十次有九次靈驗，由此可見人的觀想，實在可以左右一些小動物的行為。

　　因此密宗雖然有六觀音，而且各有各的殊勝，其實修任何一位觀音，應該都可以發揮作用，反而比全修六觀音為好。

　　密宗觀音中的「如意輪觀音」，前面已經說過，是由「思維觀音」的造型轉化而成，因此於密宗六觀音中，法相最為祥和，而且保持兩臂兩足，十分之人間化。

　　起初如意輪觀音的造像，只是屈著右掌，手背托腮，左手則柱地支持身體，看起來就像一個學者在思考問題，可是後

來的造型，卻有變成一手持八輻法輪，一手托如意珠的了，那大概是由「如意輪」望文生義而作，但這樣一來，觀音人間化的意味便告減少。當然你也可以從另一角度來看，說觀音的法相莊嚴了許多。

然而恰恰成另一極端的，卻是「準提觀音」。她以女身出現，三眼、十八臂，手持諸般法器，或結法印，例如妙寶幢、蓮花、智慧劍、寶瓶、寶鬘、金剛索、天妙果、八輻輪、鉞斧、法螺、如意瓶、金剛鉤、金剛杵、般若經、摩尼珠等，又結說法印，施無畏印，端的法相莊嚴，跟如意輪觀音的人間化，成為極端的對比。

唐代時，印度密宗大師金剛智來漢土宏化，譯出《佛說七俱胝佛母准提大明陀羅尼經》，介紹了密宗的「瑜伽密」修法，立即風行一時，以後關於準提的修持法，不斷有翻譯，由是影響顯宗，便有《顯密圓通成佛心要集》出現，關於密咒部份，便只介紹四臂觀音的「六字大明」，以及「準提咒」，並且有「準提鏡」作為修法之助。一時修準提法者竟上遍士夫官宦，下及民婦販夫，鑄「準提鏡」竟成為一些工匠的專業。

依照我國天台宗的說法，準提是觀音菩薩降伏摩里支天時的化身法相，因此稱為「準提觀音」。他們很重視《大乘莊嚴寶王經》，在經中，佛每說一次觀自在菩薩度六道眾生的故事，便誦一次「六字大明」作結，可是當說至最後一段事跡時，卻忽然改誦「準提咒」，由是增加了準提咒的重要性。

但在印度，關於準提的來歷則說法不同，她是婆羅門三大神之一濕婆大神的妻子，名叫柏巴提，亦是觀音的化身。

　　觀音為甚麼會化身去嫁濕婆呢？因為濕婆具大神通，而且有大福報，可是卻無惡不作，不但人類怕他，連天神都怕他，由於具大福報的關係，無一天神能損傷他分毫。觀音為了拯救天人及人世，於是化成準提的形相去跟濕婆挑戰，濕婆跟準提打，打個平手，再看準提的面貌，可謂天人絕色，於是便不打了，只向準提求婚。準提說：「好，我可以嫁你，可是你卻得從此學佛。」濕婆心想，我娶了你，你還不是要聽我的，便姑且答應了。

　　他們成親以後，起初濕婆還作惡，準提卻慢慢跟他講般若法門，終於濕婆便用心學起佛來，後來便成為密宗的大護法大黑天。

　　這則印度的故事，在我國不流傳，那是因為觀念問題，觀音菩薩化身去嫁人，是我們觀念上不能接受的事，因此便寧願說觀音化成準提的形相去降摩里支天，在「下三部密」中，一向將婆羅門的濕婆當成摩里支天王，所以兩宗故事其實是一而二，二而一，只是我們不提怎樣降服，避免了嫁人一節而已。

　　密宗的「馬頭觀音」，則專作降魔事業，由於現忿怒相，「下三部密」便稱之為「馬頭明王」，「無上密」則稱之為「馬頭金剛」。

　　信仰「下三部密」的人，例如日本密宗（東密），把兩尊明王看得很重要，一尊是不動明王，專捉鬼；一尊是馬頭明王，專降魔。馬頭明王的法相是青綠色，相傳觀音化成馬頭明王之相，降服了婆羅門三大神之一的維修奴，而維修奴則一向被佛家視為「那羅延天」（Nārāyaṇa），因此《大悲咒》中才提到 Narakindi，即是那羅延天的降服者，根據法相，便可以

譯為「青頸」。

　　有了「青頸」之名，便有「青頸觀音」了。那是坐在懸巖上的法相，三個頭，中間一個是觀音樣，兩旁則右作獅面，左作豬面。三個頭生在青色的頸項上。首載寶冠，以無量壽佛為頂嚴。四臂，右二臂分執天杖與蓮花；左二臂分執法輪與法螺。以虎皮為裙，鹿皮為左臂角絡，角絡有神線，是一黑蛇。這位觀音在顯密二宗中都不流行，不及馬頭觀音的崇拜遠甚。但在《大悲咒》中，卻四次提到他的名字。

　　你看，婆羅門三位大神，其中兩位，濕婆和維修奴都給觀音降服，這裡頭其實便有當年印度佛教跟婆羅門教爭勝的故事。

　　談到這裡，密宗的六觀音，我們已經談了四位 —— 四臂觀音（聖觀音）、如意輪觀音、準提觀音、馬頭觀音。這裡頭亦有分別，前兩位，所顯現的叫做「寂靜相」，而後兩位現的卻叫做「忿怒相」。

　　你也許會說，馬頭觀音的樣子的確很凶，可是準提觀音的樣子卻毫不忿怒，然而這便跟傳說有關了，因為她雖然現忿怒相，可是卻要變成天人絕色來降服濕婆，所以她的忿怒相才可不同一般本尊的忿怒相，看起來簡直有如美女。

　　至於十一面觀音，密宗有一段故事，說觀音菩薩雖發心盡度六道有情，可是看見六道有情一副冥頑不靈的樣子，尤其是南贍部洲的人，祈求多，修行少，而他們卻是六道中最有條件成佛的眾生，連他們都是這個樣子，觀音便未免有點失望，有點後悔自己的誓言。

　　這一後悔，不得了，當下他的頭便裂成十份，阿彌陀佛

見了，便予以加持，鼓勵他必須依照原來的誓言，度六道眾生成佛，當下觀音裂成十份的頭，便變成十個頭，加上阿彌陀佛的頭，便一共十一面 —— 阿彌陀佛的頭稱為「頂嚴」。

另一個說法，則說觀音並未因眾生冥頑而後悔，他只是因此忿怒，忿怒到頭裂十份，阿彌陀佛替他把頭安好，而且變成十個面，同樣加上阿彌陀佛為「頂嚴」，由是即成十一面。

兩個說法其實亦等於一個，都是觀音對眾生的不滿，只是反應的程度有輕重的不同而已。密宗以觀音菩薩屬「蓮花部」，他是部主，即該部的大菩薩，每一部復有一佛作為部尊，阿彌陀佛便是蓮花部的部尊，是故加持觀音的當然便是阿彌陀佛。

佛教人士都很熟悉阿彌陀佛的淨土，名為「西方極樂世界」，凡人能一心不亂，稱誦阿彌陀佛的名號，臨命終時，便得往生此淨土，生於蓮台之上，得方便修學佛法。觀音既是蓮花部的菩薩，因此稱誦其名號，亦得往生的方便。十一面觀音的傳說，顯然便是加強阿彌陀佛與觀音的關係。因此在《十一面神咒心經》中，觀音宣說「十一面神咒心」的四功德，第一便是「臨命終時，得見諸佛」。

然而卻須注意，「十一面神咒心」只屬於「下三部密」的範圍，在「無上密」（西藏密宗）而言，便著重修「千手千眼觀音」。

圖十三　四臂觀音

圖十四　準提觀音

圖十五　十一面觀音

圖十六　馬頭觀音

千手千眼觀音

千手千眼觀音的來歷，出於《千手千眼無礙大悲心陀羅尼經》。經云，釋迦牟尼去到觀音的道場補陀落伽山說法，一時諸菩薩羅漢以及天龍八部悉皆齊集，觀音密放金色光明，使日月之光悉皆不現，座上的總持王菩薩見此現象，怪未曾有，便向佛問，此金色光明是誰所放？

釋迦因此告訴他說，有菩薩名觀世音，從無量劫以來，成就大慈大悲，善能修習「陀羅尼門」，為欲安樂眾生故，密放如是大神通力。── 所謂「陀羅尼」，亦即是咒，謂觀音修咒門，當然是密宗的觀點。

觀音菩薩於是便對佛說，過去無量劫以前，有佛名「千光王靜住如來」，彼佛悲憫眾生，因此便對觀音說《廣大圓滿無礙大悲心陀羅尼》，且以金色手摩觀音頂，說道：「汝當持此心咒，普為未來世一切眾生，作大利樂。」

當時觀音只是初地菩薩，一聞此咒，立即超入第八地，因便發誓──

「若我當來堪能利益安樂一切眾生者，令我身千手千眼具足。」

一發此誓，果然立即變成千手千眼，十方千佛放大光明照耀觀音菩薩。

觀音因此宣說本咒的威神力 ── 持此咒者，臨命終時，十方諸佛皆來授手；欲生何等佛土，隨願皆得往生；不墮三惡道（地獄、餓鬼、畜生）；即於現生中所求皆遂。如是宣說種種功德。

於是觀音便當眾宣說此咒，即《大悲咒》。說此咒畢，大地六變震動，天雨寶花。佛於是告阿難：「如是神咒，一名廣大圓滿、一名無礙大悲、一名救苦陀羅尼、一名延壽陀羅尼、一名滅惡趣陀羅尼、一名破惡業障陀羅尼、一名滿願陀羅尼、一名速超上地陀羅尼。」

這便是千手千眼觀音以及《大悲咒》的來歷。

說「千手千眼」，其實只是象徵觀音菩薩的無量功德，千手代表他有許多救濟眾生的善巧方便，千眼代表他能普視六道眾生。千，只代表其多，並不是一個數字的極限。

千手千眼觀音的法相，有十一面，有二十七面，後者為東密胎藏界的觀音造型，然而一般仍以十一面者為多。十一面觀音只有二臂、四臂或八臂，加上千手，每隻手掌心有一隻眼，便是千手千眼觀音的造型了。

然而千手千眼之中，又特別著重持法器或結手印的四十二隻手，稱為「四十二觀音手」，每隻手都可以跟一種特別的願力相應，關於此點，後面將詳細說及。

然而不論甚麼「觀音手」，其實只是表義而已，觀音的感應，又不特別限於四十二之數也。

圖十七　千手千眼觀音

第三章 《大悲咒》是觀音咒

第三章　《大悲咒》是觀音咒

《大悲咒》的功德

　　《大悲咒》全名為《廣大圓滿無礙大悲心陀羅尼》，又名《千手千眼無礙大悲心陀羅尼》。我們須要注意的，是「無礙」二字。所謂「無礙」即是能貫徹於三界、六道，毫無障礙，不單只是利益於人間也。

　　觀音菩薩說，誦《大悲咒》的人，須發心度六道眾生，故先當發願——

　　　　南無大悲觀世音，願我速度一切法。
　　　　南無大悲觀世音，願我早得智慧眼。
　　　　南無大悲觀世音，願我速度一切眾。
　　　　南無大悲觀世音，願我早得善方便。
　　　　南無大悲觀世音，願我速乘般若船。
　　　　南無大悲觀世音，願我早得越苦海。
　　　　南無大悲觀世音，願我速得戒定道。
　　　　南無大悲觀世音，願我早登涅槃山。
　　　　南無大悲觀世音，願我速會無為舍。
　　　　南無大悲觀世音，願我早同法性身。

　　為自己發願之後，還要發願度生——

　　　　我若向刀山，刀山自摧折。
　　　　我若向火湯，火湯自枯竭。

> 我若向地獄，地獄自消滅。
> 我若向餓鬼，餓鬼自飽滿。
> 我若向修羅，惡心自調伏。
> 我若向畜生，自得大智慧。

這是以自己誦咒的功德，回向地獄、餓鬼、畜生等三惡道的眾生。功德不獨享，分沾給三惡道，然後才是大悲心。必須自己有大悲心，誦《大悲咒》才能相應。

能這樣誦咒，觀音菩薩說，便有下面的功德 ——

> 除滅身上百千萬億劫重罪。
> 臨命終時，十方諸佛皆來授手。
> 欲生何等佛土，隨願皆得往生。
> 不墮三惡道。
> 於現生中，所求皆遂。
> 現生一切惡業重罪，皆悉滅盡。

唯不善（繼續作惡業）、不誠、於咒生疑者則不相應。

此外，誦此咒可得十五種善生 ——

> 生處常逢善王（碰到好領袖）。
> 常生善國（碰到好政權）。
> 常值好時（無天災人禍）。
> 常逢善友。
> 身根具足（身體不殘廢）。
> 道心純熟（有機會虔信佛法）。
> 不犯禁戒。
> 所有眷屬恩義和順。
> 資財豐足。

　　常得他人恭敬扶接。

　　所有財寶無他劫奪。

　　意欲所求悉皆稱遂。

　　龍天善神恆常擁衛。

　　所生之處見聞佛法。

　　所聞正法悟甚深義。

　　這十五種善生，包括世間法與出世間法。人生能有這些際遇，事實上亦沒有甚麼遺憾。

　　誦此咒又不受十五種惡死——

　　不令飢餓困苦死。

　　不為枷禁杖楚死。

　　不為怨家仇對死。

　　不為軍陣相殺死。

　　不為虎狼惡獸殘害死。

　　不為毒蛇蚖蠍所中死。

　　不為水火焚漂死。

　　不為毒藥所中死。

　　不為蠱毒害死（如落降頭）。

　　不為狂亂失念死。

　　不為山林崖岸墜落死。

　　不為惡人厭魅死（如用邪法禁制）。

　　不為邪神惡鬼得便死。

　　不為惡痛纏身死。

　　不為非分自害死（指自殺）。

　　佛家視善生惡死為人生的大事，蓋人生最重要的事，亦無非生死二字而已，所以《大悲咒》所涵蓋的，已是一個豐富

的人生，以及死得其所。

由於《大悲咒》有如是功德，能除眾生苦，予眾生樂，所以持此咒的人很多，尤其是唐代以後，顯宗的修行人亦多誦此咒，且有視之為日常修行功課者。

《大悲咒》看起來似乎很長，如果唸熟，大概五分鐘左右即可持一遍。一般人總能騰出時間，每日持咒七遍或二十一遍。誦咒時最好能盤雙膝坐下（即跏趺座），雙目垂簾，僅露一線之光，誦時不必大聲，只須自己聽到便可，但卻必須自己傾聽自己誦咒的聲音，然後才可避免心亂。

持咒的人，可以供奉千手千眼觀音的像，亦可以不必供奉，菩薩的像只是一種表義，若能心中有觀音，便不必一定要落於事相。

但持咒時如果能燃一炷好香，面前再放一盅清水，便比較上能令我們心意集中。這盅水，可以修成「大悲咒水」，其修法將於下文介紹。

《大悲咒》舊譯

《大悲咒》流行三個譯本，最通行者，是唐代伽梵達摩的譯本。伽梵達摩用唐代的音韻來翻譯，當時的人依之持誦，發音相當準確，但語言不斷變化，因此若依現代音韻來唸誦，便咒音全失。然而為了方便一向依之持誦的讀者，故仍依通行本迻錄如下，俾便跟後文的音譯對照。通行本通稱為「八十四句」本，每句列有數碼，亦一仍其舊。此與筆者所分句讀不同。請參考「釋義」即可知其開合。

南無喝囉怛娜哆囉夜耶 1

南無阿唎耶 2

婆盧羯帝爍鉢囉耶 3

菩提薩埵耶 4

摩訶薩埵婆耶 5

摩訶迦盧尼迦耶 6

唵 7

薩皤囉罰曳 8

數怛那怛寫 9

南無悉吉栗埵伊蒙阿唎耶 10

婆盧吉帝室佛囉楞馱婆 11

南無那囉謹墀 12

醯唎摩訶皤哆沙咩 13

薩婆阿他豆輸朋 14

阿逝孕 15

薩婆薩哆那摩婆薩哆那摩婆伽 16

摩罰特豆 17

怛姪他 18

唵阿婆盧醯 19

《大悲咒》音譯

　　這裡的音譯，主要參考孫景風居士《教幢居士藏文譯叢》所譯，唯頗有修改。讀者依普通話音發音，再參考梵文對音，應即可將咒音準確地讀出。

　　《大悲咒》重新音譯，並非輕蔑古代譯師，只是因為口音隨著時代而變化，當時譯得很準確的音，時至今日已變成不準，故予以重譯，實欲避免咒音訛亂。

　　密乘行人以咒音訛亂為犯戒，故當筆者初學密時，皈依屈文六上師，上師即囑李逸塵師姐檢出一套《同文韻統》相贈，此書乃乾隆帝命和碩莊親王允祿等編纂，目的即在於統一咒音，以免訛亂。由是可知若不重視咒音，但依古譯今讀，並非合理的做法。否則當時的章嘉活佛，即無須奏請乾隆，編纂梵、藏、蒙、滿的字母及拼音，互相比對。

　　此外，音譯的分句與舊本不同，是因為照顧及文義的緣故。

　　納摩　　哪打那　　達那雅雅 1

納摩　阿利雅　哇洛嘎爹　刷那雅 2

波帝薩多雅 3

嗎哈薩多雅 4

嗎哈迦嚕尼嘎雅 5

唵　薩爾瓦　哪巴耶 6

蘇達納答沙 7

納摩　悉噶哪多 8

伊蒙　阿利雅　哇洛嘎爹　刷哇囉　浪大哇 9

納摩　納那艮地　些 10

嗎哈巴多沙咩 11

薩爾瓦　阿塔都　蘇奔 12

阿借央 13

薩爾瓦　薩多 14

納摩　巴薩多 15

納摩　巴噶 16

瑪哇特都 17

答也他 18

唵　阿哇洛格　洛嘎爹　卡囉爹 19

呃些 20

嗎哈波帝薩多 21

薩爾瓦　薩爾瓦 22

嘛囉　嘛囉 23

嘛唏嘛　些達央 24

孤嚕　孤嚕　嘎以蒙 25

都嚕　都嚕 26

班雜雅爹 27

嗎哈班雜雅爹 28

大囉　大囉 29

帝哩尼 30

刷哪雅 31

雜拉　雜拉 32

嘛嘛　哇瑪哪 33

穆爹咧 34

呃唏　呃唏 35

施納　施納 36

阿哪爹　帕拉沙哩 37

哇沙　哇爹　巴那沙雅 38

呼嚕　呼嚕　嘛那 39

呼嚕　呼嚕　些 40

薩拉　薩拉 41

悉利 悉利 42

蘇嚕 蘇嚕 43

勃的雅 勃的雅 44

勃達雅 勃達雅 45

彌的利雅 46

納那㘈地 47

達哩瑟尼那 48

巴雅嘛納 娑哈 49

悉大雅 娑哈 50

嗎哈悉大雅 娑哈 51

悉大喻㘈 刷哪雅 娑哈 52

納那㘈地 娑哈 53

嗎哪納哪 娑哈 54

悉哪 星哈 阿穆喀雅 娑哈 55

薩爾瓦 嗎哈阿悉大雅 娑哈 56

詫卡那 阿悉大雅 娑哈 57

啤瑪 噶悉大雅 娑哈 58

納那㘈地 巴噶納雅 娑哈 59

嘛哇尼 向嘎哪雅 娑哈 60

納摩 哪打那 達那雅雅 61

納摩　阿利雅　哇洛嘎爹　刷那雅　娑哈 62

唵　悉殿都　曼查拉　巴答雅　娑哈 63

《大悲咒》梵文對音

namo ratna trayāya　1

namā āryāvalokiteśvarāya　2

bodhisattvāya　3

mahāsattvāya　4

mahākāruṇikāya　5

oṃ sarva raviye　6

sudhanadasya　7

namas kṛtvā　8

imam āryāvalokiteśvara raṃdhava　9

namo narakindi hrīḥ　10

mahāvatsvāme　11

sarva arthato śubhaṃ　12

ajeyaṃ　13

sarva sat　14

nama vaṣaṭ　15

namo vāka　16

mavitato 17

tadyathā 18

oṃ avalikelokate krate 19

e hrīḥ 20

mahābodhisattva 21

sarva sarva 22

mala mala 23

mahima hṛdayam 24

kuru kuru karmaṃ 25

dhuru dhuru 26

vijayate 27

mahāvijayate 28

dhara dhara 29

dhṛnī 30

śvarāya 31

cala cala 32

mama vimala 33

muktele 34

ehi ehi 35

śina śina 36

ārṣaṃ prasari 37

viśva vaśvaṃ prasaya 38

hulu hulu mara 39

hulu hulu hrīḥ 40

sara sara 41

siri siri 42

suru suru 43

bodhiya bodhiya 44

bodhaya bodhaya 45

maitreya 46

narakindi 47

dhṛṣṇina 48

bhayamana svāhā 49

siddhāya svāhā 50

mahāsiddhāya svāhā 51

siddhayoge śvarāya svāhā 52

narakindi svāhā 53

māraṇara svāhā 54

śira siṃhamukhāya svāhā 55

sarva mahā asiddhāya svāhā 56

cakra asiddhāya svāhā 57

padma kastāya svāhā 58

narakindi vagalāya svāhā 59

mavari śaṅkharāya svāhā 60

namo ratna trayāya 61

nama āryāvalokiteśvarāya svāhā 62

oṃ sidhyantu mantra padāya svāhā 63

關於《大悲咒》的讀音

現代人用唐代的音韻來讀《大悲咒》，已成習慣（廣府人更依文字，用現代粵語來讀，咒音當然更加離譜）。可是，傳統勢力的影響畢竟相當大，因此也便將錯就錯，一路錯下去，不思更正。

也有一些佛教中人感覺到有問題，便試圖用注音的方式去解決，可是問題卻依然存在，因為他們只是企圖將唐代的音，轉成現代的音，然而卻並未依梵文來對音。

所以，他們將唐譯的「南無喝囉怛那哆囉夜耶」，轉為「南無賀囉丹那，哆囉爺爺」，不但未對正原音，反而將咒音弄得更亂。尤其是那個「怛」音，唐音是「t」音，一轉成「丹」，反而變成「d」音了。而且「怛」音輕，「丹」音重，讀起來跟咒音便更加脫節。

這種愈轉愈錯的情形，不只一處。不妨舉幾個例子來說明——

「婆盧羯帝爍鉢囉耶」轉為「婆盧基帝楚砵囉耶」

原來的「爍」字，唐人讀如普通話的「剎」、廣府話的「霎」，今轉成「楚」字，是錯字，那是因為用現代人對「爍」字的讀音來轉。

「楞馱婆」轉為「靈陀婆」

這一轉更加離行離列，亦是照字面來轉音的壞例。依正音，讀為「raṃdava」、「靈陀」兩音顯然大誤，這即是因為不知道唐人讀「楞」為「raṃ」、讀「馱」為「da」音之故。

「皤伽囉耶」轉為「貧伽囉耶」

真不知「皤」音為甚麼會轉成「貧」音，無論音韻皆莫名其妙。正讀為「哇噶那雅」，唐代之「皤」正是今人之「哇」韻。一轉成「貧」，不但「v」音變成「p」音，連韻轍都變了。

舉此數例，便知道近代人的轉譯唐音，不但對正音毫無幫助，反而愈弄愈錯。

亦有人企圖用英文來對音，這樣做，當然是一個辦法，只可惜他們卻不是跟梵文來對音，只是跟著錯誤的讀法來注音，因此也就跟著弄錯。

例如「南無喝囉怛那哆囉夜耶」，依梵文對音為「namo ratna trayāya」，卻注音為「na mo ha la da no do la ya ya」，這已經對正讀毫無幫助，然而，還有更壞的例子——

「摩訶薩埵婆耶」注音為 mo ho sa do po ya

原文卻為 mahāsattvāya，兩相比較，便知「a」音給誤注為「o」音，而且輕讀的「v」音，卻給坐實為重讀的「po」，無

端端多一個音，真是不注音好過注音。

　　不幸的是，如今流行的卻正是這種咒本，教人唸《大悲咒》的人亦依這種咒本，便真可謂以訛傳訛，愈傳愈錯。

　　有人解嘲說，根本不必理咒音的問題，因為原來的《大悲咒》是用古代梵文寫成，如今已少人能讀古代梵文的音，故可以說，沒有人敢說自己能將咒音讀準。

　　這種說法，無非是「五十步笑百步」的意思，其意若曰：既然大家都讀不準，那麼，又何必理他發音是否準確呢。

　　然而這說法卻有含混之處，現代梵語跟古代梵語固不相同，可是用現代梵語來翻古代梵語的音，卻不致有失，此即如用現代英語來對古代英語的音，依然準確。所以，說沒人能唸準古代梵文的音，未免有點武斷。

　　而且，縱使語音古今有變，亦不等於可以亂讀一通。要不然的話，當學生讀唐詩讀成別字，給老師更正時，學生大可以振振有詞駁老師說：「唐詩用的是唐音，現代人誰也不敢說自己能百分之百讀準唐音，所以唐詩的讀音，準不準根本不是問題。」唸《大悲咒》的人，對這位學生的態度，未知觀感如何。

　　筆者修習密宗，密宗重持咒，因此曾用錄音帶自習藏文和梵文，目的只在於讀正確的咒音，是故很不以將錯就錯的態度為然。《大悲咒》既然是佛教徒普遍持誦的咒，佛教中人便有責任盡量校正咒音，不必用這種或那種理由，去維持錯誤的習慣。唐代的譯音既已不便現代人唸誦，便應該另作新譯，實不必還依著唐代的字來發現代人的音。

　　可是，卻另有一種態度，務求維護錯誤讀音的尊嚴。認

為唸《大悲咒》不必正音的人，常常喜歡說一個故事——

有一個高僧下山（或者索性說是西藏喇嘛），見到山下有一戶人家，滿屋都是白光籠罩，於是這高僧便心想道：「這家到底是甚麼人，有如許大的功德。」一邊想，一邊便向這戶人家走去。

走到這人家的門口，高僧敲門，是一個老太婆開門，見到高僧，立刻歡喜合什，請他進門，而且豐盛布施。

高僧問這老太婆：「你拜甚麼佛？」老太婆答：「我只拜觀音，持一句咒，嗡瑪尼啤咩牛。」

高僧聞言，便對老太婆說道：「你唸咒唸得很虔誠，只是讀錯了咒音，應該是嗡瑪尼啤咩吽。」

老太婆聞言，失驚叫道：「哎呀，不好了，我唸幾十年咒，原來讀錯了咒音，豈不是幾十年的功德都白費！？」

那高僧用過齋後，便辭別老太婆上路了，上到另一座山坡，回頭一望，真的不好了，老太婆家的白光全部消失。高僧心想，這一回我真的害了這老太婆，於是立刻回頭，又向老太婆走去。

老太婆開門，見到高僧，問他甚麼事回頭，高僧便對老太婆道歉說：「對不起，我剛才是跟你開玩笑，觀音咒應該唸嗡瑪尼啤咩牛，你照你以前的咒音去唸好了。」

老太婆聞言，便埋怨高僧說：「你開的玩笑太大了，剛才你走了之後，我又唸咒，一邊唸咒一邊悔恨從前幾十年的功德都白費，弄到心神恍惚，這樣的玩笑，你真不應該開。」高僧於是又再道歉，辭別上路。

　　當高僧再次上到山坡，回頭一望時，老太婆家又見白光籠罩了。

　　說這故事的人，目的想證明，唸咒只要誠心，功德一樣很大，甚至唸錯咒音也沒有關係。如果習慣唸錯，一旦改正，反而沒有功德。因此雖然明知如今教人唸的《大悲咒》，咒音錯亂，便似乎也無關重要了。

　　這道理如果正確，想唸《大悲咒》的人，自己便買一本甚麼《大悲心咒像解》之類，眼看書中的字，照自己意思去唸好了，根本不必勞煩別人去教。

　　再說，假如咒音真的無關重要的話，那麼，出版人又何必左注音，右注音，用中文注音，用英文注音呢？讓讀者自己唸，沒有那些注音困擾，豈不是更乾淨利落？

　　所以說咒音無關重要，這說法根本站不住腳，只是明知自己的咒音有誤，便編一個故事來安徒弟的心而已。

　　再退一步說，即使自己這一代，甚至徒弟這一代，一律誠心誠意唸錯咒音了，那麼，是否就應該第三代第四代一路錯下去？這個問題，很值得深思。

　　在過去，學習正確咒音的確是件難事，可是如今梵文已有對音，懂英文的人，只須學識一些唸對音的規律，便可以讀出梵音，是則何必還要說故事，否定正音的作用，以維持錯誤的尊嚴呢。

　　如果照密宗的觀點，唸錯咒音是要懺悔的。在蓮花生大士所傳下的《薈供法儀軌》裡，其中要懺悔的，便包括「咒音訛亂」在內。假如咒音可以亂唸的話，西藏密宗的祖師，何必要弟子懺悔。

　　因此筆者覺得，即使自己習慣了錯誤的咒音，改正後反而覺得不習慣，那麼，自己不去改正，學故事中的老太婆，也就算了，但卻不應該用錯誤的咒音去教導後學。你看，即使是說故事的人，也沒有說老太婆教徒弟唸「嗡瑪尼啤咩牛」，徒弟的唸咒功德也很大。

　　《大悲咒》的誤讀，時間已相當久，再不更正，將來的訛亂更加不可設想，這並不是說說故事就可以解決的問題，筆者因此向唸《大悲咒》，尤其是教人《大悲咒》的人，再三致意，盡量弄到咒音比較正確，才合道理。

《大悲咒》釋義

　　凡密咒皆可解。而且依印度傳統，上師每解一咒，必分外、內、密、密密四層意義來解。筆者解釋《百字明》時，聽者以為很快就可以解釋完畢，誰知足足解釋了六句鐘，實在仍有餘義未盡。

　　不解咒，即不能於唸誦時生起心境，是即謂之「不相應」。學佛的修習以「相應」為要，故稱為「瑜伽行」（相應行），倘不相應，唸咒未必有益。

　　筆者初寫本書交香港出版時，住在夏威夷，手頭資料不足，加上其時初學梵藏文，故於釋義時只能從外義來解釋，如今事隔多年，對《大悲咒》的體會也深了一些，故重訂本文，試將之逐句詮釋，然亦只能說到內義為止，若乎密義與密密義，在本書中恐怕很難說得清楚，因為牽涉到相當深的密法。

　　下面，將《大悲咒》依咒義分句，列出梵文對音，然後

釋其外義與內義。希望對持咒的人有所幫助。即或不持咒，亦能因此多點瞭解觀世音菩薩的功德與事業。

納摩　哪打那　達那雅雅

namo ratna trayāya 1

　　納摩，即皈依義。那打那達那雅雅，意為三寶。

　　全句咒義，即「皈依三寶」。

　　內義，則為皈依佛的身語意。佛的意，為法身佛；佛的語，即是法；佛的身，即是僧。

納摩　阿利雅　哇洛嘎爹　刷那雅

namā āryāvalokiteśvarāya 2

　　納摩，見前解。

　　阿利雅，意為聖者。

　　觀世音的全名，音譯應為「阿哇洛嘎爹刷那雅」，今省去「阿」音，亦是音變，這是因為承接著上句的 a 音而變。

　　全句咒義，即「皈依聖觀世音」（或「皈依聖觀自在」）。

　　內義，觀世音菩薩修聲音陀羅尼得成就，故於世間一切音無不能觀。以其能普觀情器世間，故云「自在」。自在即是無有障礙之意。

波帝薩多雅

bodhisattvāya　3

　　波帝薩多，傳統譯為「菩提薩埵」，簡稱即為「菩薩」。

　　「菩提」（波帝）即是「覺」；「薩埵」意為「有情」。菩薩能令有情轉迷成覺，故號曰覺有情。

　　內義，能正身語意業，故名菩提薩埵。

嗎哈薩多雅

mahāsattvāya　4

　　嗎哈意為大，直譯即是「大有情」，尊菩薩於一切有情中為大，故名。意譯為「大菩薩」。

　　內義，大菩薩能正一切有情身語意業，故名為大；阿羅漢不作世間事業救渡有情，即不能稱為大。

嗎哈迦嚕尼嘎雅

mahākāruṇikāya　5

　　嗎哈意為大，迦嚕尼嘎即是悲（雅為讚嘆詞，全咒皆如是）。故全句可譯為「大悲者」。

　　綜合2至5句，意為「皈依聖者大悲觀自在菩薩大菩薩」。

　　內義，大悲為方便，菩薩以應化身救渡六道有情，即是方便，亦為同體大悲。

唵　薩爾瓦　哪巴耶
oṃ sarva raviye 6

「唵」，在此有皈依之意。

薩爾瓦意為「一切」。哪巴雅意為有力者（尊者），指聖眾。

全句咒義即「皈依一切聖眾」。

內義，讚嘆六道的佛法僧。六道中皆有現六道身的佛菩薩，依六道根器說法，故亦有六道的僧眾，必如是認識，始能知何以六道有情皆能成佛。人類不能執著人自己的境界，來衡量六道中三寶的境界。

蘇達納答沙
sudhanadasya 7

蘇意為「妙」；達納答沙意為「施財」，全句咒義，即為「妙施」，指一切聖眾皆能以法施人。

內義，指下面的咒語，這些咒語，每句讚揚觀世音菩薩的一種功德。此即讚揚其所施的法。

納摩　悉噶哪多
namas kṛtvā 8

全句咒義，可意譯為「皈依、頂禮完畢」。蓋由1至8句，實為咒的前行，於正誦咒文前先作皈依與頂禮。

綜合1至8句，可意譯為 ——

　　皈依三寶

　　皈依聖大悲觀自在菩薩大菩薩

　　及一切以妙法布施的聖眾

　　皈依頂禮竟

伊蒙　阿利雅　哇洛嘎爹　刷哇囉　浪大哇
imam āryāvalokiteśvara raṃdhava　9

　　伊蒙意為「彼」。

　　阿利雅哇洛嘎爹刷哇，意為「聖觀自在」。

　　浪大哇意為「持喜悅主」。

　　全句咒義，即「彼持喜悅主」。

　　內義，應指「大樂」。眾生出世間得以成立，即為「大樂」。此乃如來藏法門。

納摩　納那艮地　些
namo narakindi hrīḥ　10

　　納那艮地意為「青頸」，指青頸觀音。又按，此字又可解為「人中之能洞察者」，是即賢善者。

　　些（ཧྲཱིཿ，hrīḥ）為蓮花部種子字，所以亦為觀音種子字（此依林光明教授說），頗為合理。因稱呼名號後即宣說其種子字，是一般規矩。

　　若依不空三藏梵本，此為heri，相當於hri，本義為慚愧，

引伸義為隨順（隨順教法）。筆者於原本即取此義。二說似可並存。

此讚美青頸觀音菩薩能隨順佛所教導。

內義，此謂青頸觀音菩薩為報身佛眷屬。能積聚福德資糧而至報土，故為賢、善；持種子字，即是受持如來法身功德，所以若依不空本，則為隨順教法。能積聚智慧資糧。

嗎哈巴多沙咩

mahāvatsvāme 11

巴多沙咩意為「寂靜持金剛杵者」。

內義，持金剛杵表示行方便道，寂靜則代表涅槃智，蓮花部諸尊本非持杵，此處則以杵通表方便義。

薩爾瓦　阿塔都　蘇奔

sarva arthato śubham 12

薩爾瓦意為「一切」；阿塔都意為「無貪〔於概念〕」；蘇奔意為「妙淨」。

全句咒義，即「一切不落於概念〔而成〕妙淨」。此乃讚頌觀世音菩薩功德。

內義，無貪於概念，即對世間概念離諸執著，凡有所執，即有所貪；具足智慧而得清淨，是為妙淨，此即離諸邊見。故「一切無貪妙淨」，即離一切執、離一切邊。

阿借央

ajeyaṃ 13

阿借央意為「無比」（無能勝）。

內義，菩薩具上來所說種種功德（賢善、順教、光明、無貪、妙淨），故為無比。

薩爾瓦 薩多

sarva sat 14

薩爾瓦薩多意為「一切有情」，此處指一切菩薩。薩多為「波帝薩多」（菩提薩埵）之省略。

內義，此指第八不動地以上諸菩薩。

納摩 巴薩多

nama vaṣaṭ 15

巴薩多意為「大樂有情」。

內義，以善妙故具大樂，以大樂即自然具足光明。故大樂、光明皆為八地以上菩薩之功德。

納摩 巴噶

namo vāka 16

巴噶是「大樂童子」的稱謂。此詞又可轉義，譯為「法王子」，如稱「文殊師利法王子」。

內義，法王子者，生於法王之家，堪能承受灌頂之根器，如轉輪王子，堪能承受灌頂而繼王位。

瑪哇特都

mavitato 17

瑪哇都多意為「天人所親近」，即受天人承事供養的聖者。

內義，天人所近的聖者，即報身佛眷屬。如觀世音菩薩即西方報土眷屬。

由9至17句，為讚頌。可意譯為 ——

彼聖觀自在

持喜悅主

具足賢善隨順

〔彼〕寂靜持杵〔智慧〕者

一切無貪妙淨

其為無比大菩薩

其為大樂有情

其為法王子

其為天人所親近者

如是皈依、頂禮、讚頌畢，然後始入明咒正文。通常「大咒」的結構皆如此，如經之有序分與正分。

答也他
tadyathā 18

答也他，意為「咒曰」。可譯為「即說咒曰」，如《心經》例。

內義，上來為持咒者的心意，故皈依讚頌，以下即為對觀自在菩薩種種功德之表述。

凡「大咒」，皆站在持誦者的立場，對主尊讚嘆、表述，此與「心咒」不同，心咒則為主尊的密意。如觀世音菩薩的心咒（六字大明）即為菩薩的密意流露。

唵　阿哇洛格　洛嘎爹　卡囉爹
oṃ avalikelokate krate 19

唵，外義可理解為敬禮用語。

內義，此字由阿（a）、烏（u）、菴（m）三字母構成。分攝法、報、化三身。此即法界之體、相、用。故由此音，可周遍法界，總持一切法。

阿哇洛格洛嘎爹，即「觀自在」。

卡囉爹，意為「敬禮」。

全句咒義，即「敬禮大悲觀自在」。

內義，凡菩薩皆有特殊表義，如文殊之表義為大智、地藏之表義為大願等，觀世音之表義則為大悲（觀照一切世間）。

呃些

e hrīḥ　20

些為蓮花部種子字，意為「蓮花心」。

內義，蓮花即為上來所讚「一切無貪妙淨」之表徵。

凡菩薩表義，皆有表徵。如文殊持智慧劍，即表其劍能破無明，故成大智；如地藏持杖，即表其杖能頓破障礙而成大願。

蓮花為觀世音菩薩表徵，喻其無貪（無染）清淨。

嗎哈 波帝薩多

mahābodhisattva　21

嗎哈波帝薩多，意為「大菩薩」。

內義，大菩薩者，指已堪能成佛的菩薩，為救度有情故，不取成佛而示現於六道。或雖已成佛，而仍示現世間。

薩爾瓦　薩爾瓦

sarva sarva　22

薩爾瓦意為「一切」。

內義，讚頌菩薩之「寶印手」。

嘛囉 嘛囉

mala mala　23

　　嘛囉意為「花鬘」，引伸為清淨離垢。

　　內義，讚頌菩薩的「如意寶珠手」。

嘛唏嘛　些達央

mahima hṛdayaṃ　24

　　嘛唏即「嗎哈」的變音，意為「大」。

　　內義，讚頌菩薩的「五色雲手」。

　　些達央，意為「大自在心」。

　　內義，讚頌菩薩的「青蓮花手」。

孤嚕　孤嚕　嘎以蒙

kuru kuru karmaṃ　25

　　孤嚕意為「作法」。

　　內義，讚頌菩薩的「寶螺手」。

　　嘎以蒙意為「成辦」。

　　內義，讚頌菩薩的「白蓮花手」。

都嚕 都嚕

dhuru dhuru 26

都嚕意為「度脫」（原義為移置）。

內義，讚頌菩薩的「月精摩尼手」。

班雜雅爹

vijayate 27

班雜雅爹意為「不動尊」。

內義，讚頌菩薩的「傍牌手」。

嗎哈班雜雅爹

mahāvijayate 28

嗎哈班雜雅爹意為「大不動尊」。

內義，讚頌菩薩的「寶戟手」。

大囉 大囉

dhara dhara 29

大囉意為「能持」。

內義，讚頌菩薩的「寶瓶手」。

帝哩尼

dhṛnī 30

　　帝哩尼為「勇猛」。

　　內義，讚頌菩薩的「俱尸鐵鈎手」

刷哪雅

śvarāya 31

　　刷哪雅意為「自在」（普放光明即是自在）。

　　內義，讚頌菩薩的「日精摩尼手」。

雜拉　雜拉

cala cala 32

　　雜拉意為「變化行」（原意為「動」）。

　　內義，讚頌菩薩的「寶鐸手」。

嘛嘛　哇瑪哪

mama vimala 33

　　嘛嘛意為「我」，或「我所」。此連接哇瑪哪而言始有義理。

　　哇瑪哪意為「離垢」。連嘛嘛而言，則為離我所之垢，即離我執。

　　內義，嘛嘛讚頌菩薩的「白拂手」；哇瑪哪讚頌菩薩的

「化宮殿手」。

穆爹咧

muktele 34

穆爹咧意為「解脫」。

內義，讚頌菩薩的「楊柳枝手」。

呃唏　呃唏

ehi ehi 35

呃唏意為「順召」。

內義，讚頌菩薩的「髑髏寶杖手」。

施納　施納

śina śina 36

施納意為「弘誓」，原為發誓時用語。

內義，讚頌菩薩的「寶鏡手」。

阿哪參　帕拉沙哩

ārṣaṃ prasari 37

阿哪參意為「法王」。此原意為「仙人」，用以稱讚如來。

內義，讚頌菩薩的「化佛手」。

　　帕拉沙原意為「延續」，即意為「覺身之子」，轉義為「法王子」。

　　內義，讚頌菩薩的「數珠手」。

哇沙　哇參　巴那沙雅
viśva vaśvaṃ prasaya 38

　　哇沙哇嗲，意為「統治」。

　　內義，讚頌菩薩的「寶弓手」。

　　巴那沙雅，意為〔徵服後之〕「和平」。

　　內義，讚頌菩薩的「紫蓮花手」。

呼嚕　呼嚕　嘛哪
hulu hulu mara 39

　　呼嚕呼嚕嘛哪，意為「無垢行」（由聲音除魔）。

　　內義，讚頌菩薩的「玉環手」。

呼嚕　呼嚕　些
hulu hulu hrīḥ 40

　　呼嚕呼嚕些，意為「如意行」（隨心行）。

　　內義，讚頌菩薩的「寶缽手」。

薩拉　薩拉

sara sara 41

　　薩拉薩拉意為「堅穩」。

　　內義，讚頌菩薩的「金剛杵手」。

悉利　悉利

siri siri 42

　　悉利悉利意為「吉祥」。

　　內義，讚頌菩薩的「合掌手」。

蘇嚕　蘇嚕

suru suru 43

　　蘇嚕蘇嚕，原字應為 surucira，意為「妙色」（色為物質義），此指「甘露」。

　　內義，讚頌菩薩的「甘露手」。

勃的雅　勃的雅

bodhiya bodhiya 44

　　勃的雅勃的雅意為「覺道」（菩提道）。

　　內義，讚頌菩薩的「不退轉金輪手」。

勃達雅　勃達雅

bodhaya bodhaya 45

勃達雅勃達雅意為「覺者」。

內義，讚頌菩薩的「頂上化佛手」。

彌的利雅

maitreya 46

彌的利雅意為「大慈」。

內義，讚頌菩薩的「錫杖手」。

納那艮地

narakindi 47

納那艮地原意為「青頸」，引伸「青頸觀音」之義為「大悲」。

內義，讚頌菩薩的「軍持手」。

達哩瑟尼那

dhṛṣṇina 48

達哩瑟尼那意為「堅利」。

內義，讚頌菩薩的「寶劍手」。

巴雅嘛納　娑哈

bhayamana svāhā　49

　　巴雅嘛納娑哈，意為「名聞成就」。其名聞令人敬畏。

　　內義，讚頌菩薩的「寶箭手」。

悉大雅　娑哈

siddhāya svāhā　50

　　悉大雅娑哈，意為「義利成就」。

嗎哈悉大雅　娑哈

mahāsiddhāya svāhā　51

　　嗎哈悉大雅娑哈，意為「大義利成就」。

　　內義，同上句，均讚頌菩薩的「寶經手」。

悉大喻嘅　刷哪雅　娑哈

siddhayoge śvarāya svāhā　52

　　悉大喻嘅，意為「成就相應」；刷哪雅娑哈，意為「得自在成就」。二詞相連，即謂「成就相應而得自在」。

　　內義，讚頌菩薩的「寶篋手」。

納那艮地　娑哈

narakindi svāhā 53

　　納那艮地，與47句同。此處引伸義則為「賢愛」。全句咒義，即「賢愛成就」。

　　內義，讚嘆菩薩的千手千眼（不在四十二手之內，亦與總攝千臂手不同）。

　　由是亦可知，若依印度傳統，青頸觀音實甚受重視。

嗎哪納哪　娑哈

māraṇara svāhā 54

　　嗎哪納哪娑哈，意為「無垢妙樂成就」。此詞原義為死亡、破壞，於佛家究竟義，此正為妙樂之自顯現。此中密意，須由如來藏的「樂空」而知。

　　內義，讚頌菩薩的「羂索手」。

悉哪　星哈　阿穆喀雅　娑哈

śira siṃhamukhāya svāhā 55

　　悉哪，意為「愛攝語」；原義為「河」、「脈」，此譬喻為愛攝眾生，如河之利益；阿穆喀雅娑哈，意為「究竟無比成就」。

　　二詞相連的意趣，可由密乘的說法貫通。密乘以觀世音菩薩為蓮花部的部尊，部主則為無量壽佛（即無量光佛、阿彌陀佛）。

如以身語意功德事業配五佛部，蓮花部所配則為語，若瞭解此義，即知全句咒義，且知何以說觀世音菩薩功德時，獨強調愛攝語。

內義，讚頌菩薩的「鉞斧手」。

薩爾瓦　嗎哈阿悉大雅　娑哈
sarva mahā asiddhāya svāhā　56

薩爾瓦嗎哈阿悉大雅娑哈，意為「一切大義無比成就」。此中嗎哈阿悉大雅，即「大義理」之意。

內義，讚頌菩薩的「蒲桃手」。

詫卡那　阿悉大雅　娑哈
cakra asiddhāya svāhā　57

詫卡那意為「輪」，喻為「轉法輪」。阿悉大雅意為「無比成就」。

全句咒義為「轉無比法輪成就」。

內義，讚頌菩薩的「跋折羅手」。跋折羅為「金剛杵」（Vajra）之音譯，故此手亦可譯為「金剛手」。

啤瑪　噶悉大雅　娑哈
padma kastāya svāhā　58

啤瑪，意為「紅蓮花」，喻為「妙淨」。

悉大雅娑哈意為「義成就」。全句咒義，可理解為「妙淨業義成就」。

內義，讚頌菩薩的「紅蓮花手」。

納那艮地　巴噶哪雅　娑哈
narakindi vagalāya svāhā 59

納那艮地轉義為「賢愛」。巴噶哪雅娑哈，意為「尊成就」。

全句咒義為「賢愛尊成就」，稱菩薩為「賢愛尊」，證般若智故謂「賢」，行方便道故謂「愛」。

內義，讚頌菩薩的「施無畏手」。

嘛哇尼　向嘎哪雅　娑哈
mavari śaṅkharāya svāhā 60

嘛哇尼，意為「威德」。向嘎哪雅娑哈，原意為「法螺」，轉法螺義，即說一切法自性，故意為「自性成就」。

全句咒義，即為「具威德成就」。

內義，讚頌菩薩的「總攝千臂手」。

明咒正分，讚頌觀世音菩薩的「四十二手」功德至此竟。以下為結分。

納摩　哪打那　達那雅雅

namo ratna trayāya 61

　　皈依三寶。同1。

納摩　阿利雅　哇洛嘎爹　刷那雅　娑哈

nama āryāvalokiteśvarāya svāhā 62

　　皈依聖觀世音。同2。

唵　悉殿都　曼查拉　巴答雅　娑哈

oṃ sidhyantu mantra padāya svāhā 63

　　悉殿都，意為「令成就」，引伸為持誦者的祈願，有「令我成就」之意。

　　曼查拉，意為「真言」，即咒。

　　巴答雅，意為「句」。

　　娑哈，此總結全咒，故有「圓滿成就」之意。

《大悲咒》修持法

觀自在說修持法門

　　在唐代伽梵達摩譯的《千手千眼觀世音菩薩廣大圓滿無礙大悲心陀羅尼經》中，觀自在菩薩於宣說過《大悲咒》之後，還有一大段經文，是菩薩自行演說修持此咒的法門。這些法門，根據不同的修持目的而有所不同，有些看起來，甚

至近乎迷信，但持密咒重加持力，所以在信奉者看來，亦不能謂為無稽。茲將這些修持法門，彙集述說如下，並加必要的說明——

作護身結索法

誦《大悲咒》五遍，取五色絲線，即每誦一遍取一色絲線。然後再誦《大悲咒》二十一遍，每誦一遍即作一結，如是將五色絲線結上二十一個結。將此五色絲線結索繫於頸項。此結索有護身作用。

五色，是白、紅、藍、黃、綠五色。

結界持咒法

若人欲求長壽者，須在淨處結界持咒。

結界的方法有五種——

取刀持咒二十一遍，然後將此刀劃地為界。或取淨水持咒二十一遍，然後將此水灑四方為界。或取白芥子持咒二十一遍，然後擲此白芥子四方為界。或取淨灰持咒二十一遍，然後灑淨灰四方為界。或咒五色線二十一遍，然後以此五色線圍繞四周為界。

於清淨界中持咒時，凡衣著、飲食、香藥等，皆對之持咒一百零八遍，然後才應用，如是修持，可得長壽。持咒時宜燃安息香。

治蠱毒法

如有人為蠱毒所害，如中降頭之類，可取「藥劫布羅」（即龍腦）及「拙具羅香」（即安息香），各取等分，以井花水一升，煎此二藥，於千手千眼觀音像前，對藥水持《大悲咒》一百零八遍，然後飲用。

治蛇蠍傷法

若有人為惡蛇所咬，惡蠍所螫，取乾薑末，於千手千眼觀音像前，咒七遍，然後用乾薑末塗傷口。

筆者按：這種治傷的方法只能參考，最好同時要看醫生。

平息怨家法

若有人因惡怨謀害者，取淨土，或取麵粉，或取蠟，一邊持咒，一邊將之捻成人形，觀想此人形即是加害自己的人。

然後於千手千眼觀音像前，對一鐵刀持咒一百零八遍，每誦咒一遍畢，即稱此人之名，並用刀截割人形一段。如是一百零八遍畢，將人形殘段集中燒去。

行此法畢，怨家即生歡喜心，對自己無復加害。

治雜病法

以下幾段治雜病法，亦只能參考，否則便變成「信巫不信醫」，有時反而累事。

若患瘧疾者，取虎、豹、狼皮，或獅子皮，對之持咒二十一遍，披著身上。

若患惡瘧入心，悶絕欲死者，取桃膠一顆，大小如桃核，取清水一升，加桃膠煎至半升，對水持咒七遍服。其藥勿令婦人煎。

若半身不遂者，取胡麻油，加青木香，咒二十一遍，用以塗身按摩。又可用牛乳咒二十一遍，塗身按摩。

若患難產者，取胡麻油，持咒二十一遍，按摩產婦臍及玉門。

若胎死腹中不下，或胎衣不下，取「阿波木利伽草」（即牛膝草），和水二升，煎作一升，對水持咒二十一遍服。

若患疔瘡者，取凌霄葉，搗取汁，對汁咒二十一遍，瀝著於瘡上。

除怖畏法

若於夜間即生怖畏，不敢出入者，取白線作索，咒二十一遍，一遍作一結，繫於頸項，恐怖即除。

議論勝法

若跟人議論，欲求勝利 —— 如商訂合同，對簿法庭之類，取白菖蒲，咒二十一遍，繫於右臂，議論即能勝利。

除橫禍法

若家中突起橫禍，取石榴枝，截成一千八百段，每段約長一寸，兩頭塗以牛油、乳酪、蜜糖，然後於千手千眼觀音像前持咒，每持一遍，即焚燒一段，如是燒盡一千八百段，一切飛災橫禍悉得消除。

降大力鬼神法

若欲降伏大力鬼神，取木槵子枝作柴，咒四十九遍，將柴在火中焚燒。

木槵子柴先當於兩頭塗牛油、乳酪、蜜糖。此法應在千手千眼觀音像前作。

懷愛法

取「胡嚧遮那」（即牛黃）一兩，置於玻璃瓶中。將瓶置於千手千眼觀音像前，持咒一百零八遍。

將此牛黃塗身點額，能令一切天龍八部、鬼神、人、非人等心生歡喜。

夫妻和好法

若有夫妻不和者，取鴛鴦尾，於千手千眼觀音像前，咒一千八百遍，然後將鴛鴦尾帶身，夫妻即和好。

果樹除蟲法

若有果樹著蟲，取淨灰、淨沙，或淨水，咒二十一遍，散此灰、沙，或水於果樹根及樹上，蟲即不敢食果。

脫枷鎖法

若有身被枷鎖者，取白鴿糞，咒一百零八遍，然後塗白鴿糞於手上，用手摩枷鎖，枷鎖自然解脫。

按，此法極饒趣味。傳說從前一些行走江湖的戲法師，即用此法幫助表演。

四十二觀音手

千手千眼觀音，在密宗稱之為「大悲金剛」。

「金剛」有堅固、不壞之意，同時亦表示其無堅不摧，是能擅長於摧滅一切魔難，而本身則「金剛不壞」。

密宗將諸佛菩薩分為五部，而諸佛菩薩則有五事業法，而大悲金剛則能統攝五部五法，且一一有手印表示。

五部是——

第一，如來部，又名佛部。

表理智俱足，覺行圓滿。此部部主是毘盧遮那佛，即大日如來，又名普賢王如來。密宗許多法，都由毘盧遮那佛秘密說教。

第二，摩尼部，又名寶部。

表示福德，佛因萬德圓滿之故，所以福德無量。釋迦說，數盡恆河中沙，其數雖然甚多，但仍不能及佛的福德萬分之一。此部部主是寶生佛。

第三，蓮花部。

用蓮花來表示「理」，即眾生心中本有清淨的理，雖於六道中輪迴，亦如蓮花於淤泥中，清淨不染。此部部主是阿彌陀佛，又名無量壽佛、長壽佛、無量光佛。觀自在菩薩本來即屬於此部，但其功德卻遍於五部。

第四，金剛部。

表眾生心中本具成佛的理智，雖然因無明故，輪迴於生死大海之中，然而其理智卻如金剛不壞，所以眾生都具有成佛的本能。一旦破斷無明，便都能成佛，此部部主是不動如來。

第五，羯磨部，又名事業部。

佛及菩薩為化度眾生，必須成辦事業。所以修密宗的事業，實為垂憫眾生之故，並不是為了個人的利益。此部部主為不空成就佛。

五種事業法是──

第一，息災法。

能為眾生除災障重罪，使修世間、出世間法，悉皆無礙成就。

第二，增益法。

使眾生能增長福德智慧，所求事皆得增益。

第三，懷愛法。

使眾生能得人敬愛，說法辯才無礙，威儀整肅。

第四，調伏法。

能調伏諸障阻修道的魔怨，以及邪見外道，又名誅滅法。

第五，勾召法。

能以此法勾召地獄、餓鬼、畜生等眾生，安置於人天善地。以及勾召鬼神維護佛法。

一般來說，密宗行人但行前四種法，稱為「息增懷誅」。行勾召法，則須金剛阿闍梨然後才能施行。而且，修事業法一定要得上師傳授，不能拿著一個法本即隨便施為。

可是唯有千手千眼觀自在的五事業法，凡持《大悲咒》者，隨心所欲，卻無不成就，不須另行設壇，只於千手千眼觀音像前，因所求之事，觀想其相應的手印，一心不亂持咒即可。這即是觀音的大悲願力加持之故。

千手千眼觀自在的事業手印，共有四十。因共有五部，每部八個手印。

然而統攝此四十手印者，依《千手千眼觀世音菩薩大悲心陀羅尼經》，則有一「甘露手」。依《千手千眼觀世音菩薩陀羅尼神咒經》，則有一「總攝千臂手」。加上此二手印，便

是「四十二觀音手」。

觀想手印的時候，應注意手印各指的位置，同時留意觀想所持的法器。所謂「觀想」，即於持咒時，想千手千眼觀音特別現出這手印，並從手中放光，照射自己心間。

光的顏色亦須分別 ——

行息災法者，想觀音手印放白光。

行增益法者，想觀音手印放黃光。

行懷愛法者，想觀音手印放紅光。

行調伏法者，想觀音手印放黑光。

行勾召法者，想觀音手印放藍光。

一切光色，應觀想顏色鮮明，不可灰暗。如能進一步觀想，光入自己心間之後，更能充滿自己全身，使自己全身顏色鮮明，則修法更能相應。

茲將此四十二手印分部列名如下。

甘露手，甘露手的功德，是能解一切眾生的災病禍難飢渴，使如處火海中人得甘露清涼。

圖十八

總攝千臂手，總攝千臂手的功德，是能伏三千大千世界一切魔難災禍。

圖十九

如來部八手，屬息災法 ──

化佛手，手掌上仰，有一尊化身佛（如釋迦佛）坐於掌中。凡祈求生生世世都能聽聞佛法，都出生於有佛法可聞的國土者，當向此手印祈願。

圖二十

羂索手，手掌上仰，拇指及小指張開，餘三指屈曲，兜著一條白色羂索，即如窄身白絲巾之形。凡因種種困擾，使心神不安者，當向此手印祈願。

圖二十一

施無畏手，手下垂，手掌上仰，拇指及小指張開，餘三指合攏、微曲。凡無論何時何地，感到恐怖畏懼者，當向此手印祈願。

圖二十二

白拂手，手掌豎起，結忿怒印持白拂。即食指與小指張開，餘三指挾住白拂，白拂為白色的塵拂，代表拂救災難。凡為欲除一切惡障災難者，當向此手印祈願。

圖二十三

傍牌手，手掌豎起，結忿怒印，執持住傍牌後面的手柄。傍牌即是「盾」，為護身的表義。凡欲闢除一切虎狼惡獸，當向此手印祈願。在現代社會已少獸難，因此亦可用來闢除邪惡侵害，如下降頭之類。

圖二十四

鉞斧手，手掌上仰，拇指及小指散開，餘三指挾著鉞斧的柄。鉞斧為斧口作鉞刀形的斧頭，即鋒口較一般斧口彎曲，為破除障難的表義。凡欲解散官非者，當向此手印祈願。

圖二十五

寶戟手，手向上斜仰，拇指上豎，餘四指持短戟柄。短戟的表
義為克制怨敵，凡欲除怨敵侵害、或歹人侵擾者，當向此手印
祈願。（注意戟的形狀）

圖二十六

楊柳枝手，手向上斜仰，以無名指及拇指拈楊柳枝。餘三指自然散開。楊枝灑甘露，故為除病的表義。凡身患種種病苦者，當向此手印祈願。

圖二十七

摩尼部八手，屬增益法 ——

如意寶珠手，手上仰，四指拈著如意寶珠（即摩尼珠），唯小指張開。凡欲為求財富作種種功德事業者，當向此手印祈願。

圖二十八

寶弓手，手斜仰，握寶弓。凡欲求官、求名者，當向此手印祈願。唯求得之後，必須護持佛法事業。

圖二十九

寶經手，手斜仰，握梵卷經篋，凡欲增益聰明才智者，當向此手印祈願。尤利於廣學佛法。

圖三十

白蓮花手，手上仰，以中指及拇指拈白蓮花。凡欲增益種種世間功德者，當向此手印祈願。

圖三十一

青蓮花手，手下俯，以拇指及食指拈青蓮花。凡欲求生於十方淨土者，當向此手印祈願。

圖三十二

寶鐸手，手上仰，結忿怒印握持寶鐸，凡欲為成就一切上妙梵音，或欲求好聲音者，當向此手印祈願。

圖三十三

紫蓮花手，手下俯，以拇指及食指拈紫蓮花，凡欲面見十方諸佛者，當向此手印祈願。

圖三十四

蒲桃手，手直豎，以中指及無名指挾持蒲桃串。凡欲瓜果諸穀物豐盛者，當向此手印祈願。

圖三十五

蓮花部八手，屬懷愛法 ——

合掌手，兩手掌相合，手指微微合攏。凡欲令一切鬼神、龍蛇、虎狼、獅子、人及非人等，常相恭敬愛念者，當向此手印祈願。

圖三十六

寶鏡手，手直豎，以拇指及食指持寶鏡背後鏡環，凡欲成就廣大智慧，得般若智者，當向此手印祈願。

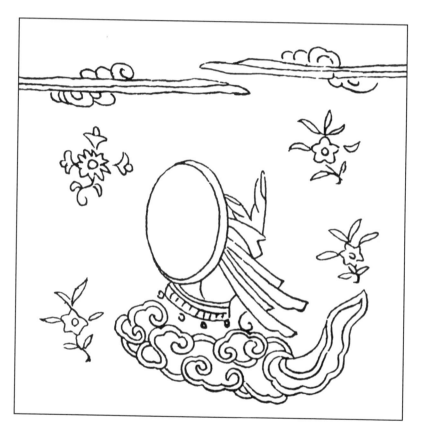

圖三十七

寶印手，手直豎，以拇指及中指持寶印柄。凡欲成就口才，得言辭巧妙者，當向此手印祈願。

圖三十八

玉環手，手上仰，拇指及小指張開，餘三指握環，凡欲得下屬敬愛，或男女相愛者，當向此手印祈願。

圖三十九

寶瓶手，手直豎，小指散開，以拇指與餘三指扣持寶瓶，凡欲眷屬和好相敬者，當向此手印祈願。

圖四十

軍持手，手上仰，手掌托軍持，小指散開，餘四指微握。軍持即無嘴寶瓶。凡欲求生諸梵天，成梵天身者，當向此手印祈願。

圖四十一

紅蓮花手，手上仰，拇指及小指散開，餘三指握紅蓮花柄。凡欲求生諸天，得天人身者，當向此手印祈願。

圖四十二

錫杖手，手上仰，拇指張開，以餘四指握錫杖柄。凡欲求能慈悲覆護眾生者，當向此手印祈願。

圖四十三

金剛部八手，屬調伏法 ──

跋折羅手，手結忿怒印，持跋折羅。跋折羅譯名「金剛杵」，
為密宗阿闍梨所持的法器，有降魔的作用。凡欲降伏一切天魔
外道，或為天魔外道困擾的，當向此手印祈願。

圖四十四

金剛杵手，手印如握持狀，唯拇指上豎。這裡所說的「金剛杵」，其實是「降魔杵」，即韋馱護法所持的杵，故又名「韋馱杵」。凡欲為摧伏一切怨敵者，當向此手印祈願。

圖四十五

寶劍手，手印同上，持寶劍，凡欲降伏一切魍魎鬼神者，當向此手印祈願。

圖四十六

化宮殿手，手掌上仰，手托宮殿，凡欲生生世世常生有佛法的國土，或生於佛淨土者，當向此手印祈願。

圖四十七

不退轉金輪手，手掌上仰，手托法輪。凡欲由今生直至成佛為止，所發大菩提心永不退轉者，當向此手印祈願。

圖四十八

寶鉢手，手掌上仰，手托鉢盂，凡腹中有諸般疾苦者，當向此手印祈願。

圖四十九

日精摩尼手，手掌向上仰，手心托日精摩尼寶珠。「摩尼寶珠」又名「如意寶珠」。凡眼暗無光，或有諸般眼疾，當向此手印祈願。

圖五十

月精摩尼手，手掌向上仰，手托月精摩尼寶珠。凡患熱毒諸病求清涼者，當向此手印祈願。

圖五十一

羯磨部八手，屬勾召法 ──

俱尸鐵勾手，手上仰，拇指上豎，餘四指持勾柄。凡欲得龍部諸善神來擁護者，當向此手印祈願。

圖五十二

頂上化佛手，手掌向上，托持阿彌陀佛像。阿彌陀佛作跏趺座，兩手等持印，捧著一個寶瓶，身紅色。凡欲得十方諸佛來灌頂授記者，當向此手印祈願。

圖五十三

數珠手，手掌直豎，以拇指、中指及無明指拈唸珠，食指及小指散開。凡欲得十方諸佛加持者，當向此手印祈願。

圖五十四

寶螺手，手掌上仰，托持白色寶螺，一般螺穀紋理左旋，寶螺則右旋。凡欲得諸天善神加持擁護，或欲呼召諸天善神者，當向此手印祈願。

圖五十五

寶箭手，手上豎，以四指拈寶箭桿，唯尾指散開。凡欲與善人結交，早遇良朋者，或得人助力者，當向此手印祈願。

圖五十六

寶篋手，手掌上仰，托持寶篋，篋內眾寶充滿，若黃金、白銀、硨磲、瑪瑙、琉璃、珍珠、寶石之類，光華熾盛。凡欲求地中伏藏，或欲得財富者，當向此手印祈願。

圖五十七

髑髏寶杖手，手上豎，拇指亦上豎，餘四指握髑髏寶杖，即密宗的「天杖」（卡章加），髑髏代表無生。凡欲使役一切鬼神，令其不違拒者，當向此手印祈願。

圖五十八

五色雲手，手上仰，五指散開，托持紅、白、藍、黃、綠五色雲。凡欲自己能速成佛道者，當向此手印祈願。

圖五十九

　　《大悲咒》正分，每一句咒即讚頌一手的功德，讀者可參考〈釋義〉一章，於持誦時當有幫助。

　　由上述手印的功德可知，千手千眼觀自在菩薩對信眾的加持，實在包括出世間法及世間法兩類，而凡求出世間法的人，亦應懷出世的目的，因為出世間才能解脫，菩薩救度眾生，目的即是能令其解脫而已，並不在於給世人以財富、長壽之類。

　　也可以這樣說，菩薩給信眾以世間法的方便，也只是為了能令其解脫。譬如人因貧窮，日夜苦作，無法修持，持《大悲咒》的寶篋手求財，由是生活安定，便應從此勤修佛法。如果生活安定之後，還想再進一步求財，依然日夜忙碌，不肯修持，那便不是菩薩度眾生的目的，因為菩薩沒有發願使六道眾生都成富翁。

　　密宗有些世間法，如法修持十分相應，可是過一段時期卻不相應，便是因此之故。

「大悲咒水」修法

　　大悲咒水的修法有許多種，有些修法甚為繁複，有些則甚為簡易。最簡易的一種，是以白開水一杯，俟冷後，放置千手千眼觀音像前，自己則面對觀音像端坐，然後誠心持咒，至少持二十一遍，日日如是，不可間斷。持咒時觀想菩薩放五色光入水內。

　　這杯咒水，可以每日加添新水，重新燒開。如是持誦滿一百二十日，即可應用。

下面介紹一個比較上有點儀式的方法，但亦甚為簡易。

（一）皈依發心

皈依三寶

皈依觀自在菩薩（合掌唸三次）

（默默發心，所有持《大悲咒》的功德，用以救度眾生的病患，不為謀利。）

（二）持誦真言

· 淨法界真言（三次）

唵　冷

（這真言用以解除水穢，誦時觀想自己心間放紅光，照射杯水，使水清淨。）

· 六字大明咒（二十一次）

唵 瑪尼 啤咩吽（oṃ maṇi padme hūṃ）

（這是觀音菩薩的心咒。誦時觀想自己心中及菩薩心中放白光，照射杯水。）

· 大悲咒（無限次，每日至少廿一次）

（誦此咒時，觀想菩薩心中放藍、紅、白、黃、綠五色光入杯水。）

（三）加持咒水

結「寶手印」—— 右手無明指伸出，拇指將其餘三指

押住。

結「金剛拳」——左手四指將拇指固握成拳伏。

誦《大悲心咒》——

唵　班渣　打爾瑪　些（oṃ vajra dharma hrīḥ）

一邊唸，一邊伸出右手，書寫本咒的梵文，左手則斜置腰際。

（上列梵文書寫三遍即可，初習時可能一邊唸一邊寫有些困難，但熟習之後，便可隨手書寫而不影響持咒）

（四）結願（合掌唸誦一次）

我願以此修持力
利益病難有情眾
三界有情不餘一
盡皆解脫成佛道

誦畢，頂禮

以上的修「大悲咒水」法十分簡易，若發心修此咒水者，當連續一百二十日不可間斷。為了使水不壞，當修咒後，可再加少許燒開，然後原壺放置，俟翌日修咒時，傾入淨杯應用。

　　如果時間許可，最好在一百二十日內，早晚各修持一次。

　　所持的《大悲咒》，可用長咒，亦可用西藏密宗所傳的《十一面觀音心咒》，則比較短一些。兩咒皆具同一的功德。

附

錄

藏傳《大悲咒》

漢土的《大悲咒》，出自《千手千眼無礙大悲心陀羅尼經》，此經譯傳漢土之後，許多出家人都信受奉持，由此影響在家弟子，也多修持此咒。

然而此咒卻實是千手千眼觀音的「大咒」，大咒之外，另有「心咒」，西藏密宗弟子所日常奉持的，多為心咒。此「心咒」也曾傳入漢土，名為「十一面觀世音神咒」，有四種異譯。此如耶舍崛多所譯《佛說十一面觀世音神咒經》，此「心咒」譯音如下：

南無佛陀耶　南無達摩耶　南無僧伽耶
南無若那娑伽羅　毘盧遮那耶
多他伽多耶　南無阿利耶跋路
吉帝攝婆羅耶　菩提薩埵耶　摩訶薩埵耶
摩訶伽樓膩伽耶　南無薩婆哆他伽帝毘耶
阿羅訶陀毘耶　三藐三佛提毘耶
多姪他　唵陀羅陀羅地利地利
豆樓豆樓　壹知　跋知　遮離　遮離
鉢遮離　鉢遮離　鳩蘇咩鳩蘇摩婆離
伊利彌利脂致　闍羅摩波那耶
冒地薩埵　摩訶伽盧尼迦　娑波呵

玄奘法師譯的《十一面神咒心經》，則作：

敬禮三寶。敬禮聖智海遍照莊嚴王如來。敬禮一切如
來應正等覺。敬禮聖觀自在菩薩摩訶薩大悲者

怛姪他闇達囉　達囉地嚩地嚩 杜嚕杜嚕

壹獻伐獻　折隸折隸　鉢囉折隸　鉢囉折隸

俱素謎 俱蘇摩伐隸 壹履弣履 止履止徵

社摩波隸耶 戌陀薩埵 莫訶迦嚧尼迦 莎訶

依照密宗的觀點，持「心咒」的功德，比持「大咒」更
為殊勝。咒本為菩薩或佛的密意，心咒當更能對此密義有所
體會。

因此，於介紹過大咒之後，亦不妨認識一下心咒。茲將
此藏傳《大悲心咒》的梵文羅馬字對音作為本書附錄 ——

namo ratna trayāya

namah ārya jñāna sāgara

vairocana vyha rājāya

tathāgatāya arhate samyaksambuddhāya

namah sarva tathāgatebhyah

arhatebhyah samyaksambuddhebhyah

namah ārya avalokiteśvarāya

bodhisattvāya mahāsattvāya mahākāruṇikāya

tadyathā om

dhara dhara dhiri dhiri dhuru dhuru

iṭṭe vaīṭṭe cale cale pracale pracale

kusume kusumavare

ili mili

citi jvalam

āpanāya svāhā

觀音像與四十二觀音手插圖目錄

作者簡介

談錫永，廣東南海人，1935年生。童年隨長輩習東密，十二歲入道家西派之門，旋即對佛典產生濃厚興趣，至二十八歲時學習藏傳密宗，於三十八歲時，得甯瑪派金剛阿闍梨位。1986年由香港移居夏威夷，1993年移居加拿大。

早期佛學著述，收錄於張曼濤編《現代佛教學術叢刊》，通俗佛學著述結集為《談錫永作品集》。主編《佛家經論導讀叢書》並負責《金剛經》、《四法寶鬘》、《楞伽經》及《密續部總建立廣釋》之導讀。其後又主編《甯瑪派叢書》及《大中觀系列》。

所譯經論，有《入楞伽經》、《四法寶鬘》（龍青巴著）、《密續部總建立廣釋》（克主傑著）、《大圓滿心性休息》及《大圓滿心性休息三住三善導引菩提妙道》（龍青巴著）、《寶性論》（彌勒著，無著釋）、《辨法法性論》（彌勒造、世親釋）、《六中有自解脫導引》（事業洲巖傳）、《決定寶燈》（不敗尊者造）、《吉祥金剛薩埵意成就》（伏藏主洲巖傳）等，且據敦珠法王傳授註疏《大圓滿禪定休息》。著作等身，其所說之如來藏思想，為前人所未明說，故受國際學者重視。

近年發起組織「北美漢藏佛學研究協會」，得二十餘位國際知名佛學家加入。2007年與「中國人民大學國學院」及「中國藏學研究中心」合辦「漢藏佛學研究中心」主講佛學課程，並應浙江大學、中山大學、南京大學之請，講如來藏思想。

全佛文化藝術經典系列

大寶伏藏【灌頂法像全集】

蓮師親傳 • 法藏瑰寶，世界文化寶藏 • 首度發行！
德格印經院珍藏經版 • 限量典藏！

本套《大寶伏藏—灌頂法像全集》經由德格印經院的正式授權
全球首度公開發行。而《大寶伏藏—灌頂法像全集》之圖版，
取自德格印經院珍藏的木雕版所印製。此刻版是由西藏知名的
奇畫師—通拉澤旺大師所指導繪製的，不但雕工精緻細膩，法
像莊嚴有力，更包含伏藏教法本自具有的傳承深意。

◆◆◆

《大寶伏藏—灌頂法像全集》共計一百冊，採用高級義大利進
美術紙印製，手工經摺本、精緻裝幀，全套內含：
• 三千多幅灌頂法照圖像內容　　• 各部灌頂系列法照中文譯名

附贈　• 精緻手工打造之典藏匣函。
　　　• 編碼的「典藏證書」一份與精裝「別冊」一本。
　　　　（別冊內容：介紹大寶伏藏的歷史源流、德格印經院歷史、
　　　　《大寶伏藏—灌頂法像全集》簡介及其目錄。）

講佛經 01

如觀自在—
千手觀音與大悲咒的實修心要（增訂典藏版）

洪啓嵩 著 / 精裝 / **NT$680**

大慈大悲觀世音菩薩，出生千手千眼救度眾生，而大悲咒正是其靈驗不可思議的神咒。本書詳解大悲咒十大心要，及千手觀音的形象及持物秘義、並總攝為實用的修持法軌，幫助學人入於觀音大悲心海，獲致無上守護！

佛教小百科 11

觀音寶典

全佛編輯部 著 / 平裝 / **NT$320**

介紹諸佛菩薩及諸天護法中，福德特性特別顯著的本尊與財神，並詳述其特德、圖像、修持法門及觀音相關的經典等，讓讀者能全方位了解觀世音菩薩，入於菩薩大悲心海。

守護佛菩薩 05

觀音菩薩—大悲守護主
（附大悲咒梵音、藏音教唸CD）

全佛編輯部 著 / 平裝 / **NT$280**

本書介紹觀音菩薩及其各種無畏的廣大濟度與感應事蹟，並說明了如何祈請觀世音守護的方法，並特選觀音的重要經典〈心經〉、〈普門品〉、〈耳根圓通章〉白話語譯以及各種觀音圖像及插圖，讓讀者輕鬆地學習觀音法門。

談錫永作品 06

觀世音與大悲咒 （修訂版）

談錫永 著/ 平裝 / **NT$190**

本書詳說觀世音菩薩的名號及來源，並綜述各種觀音應化身相的典故。作者更分享自身的經歷，並解說如何誦讀《大悲咒》正音，及如何修持大悲咒水，並附觀音像圖片及四十二觀音手印圖，讀者可因應所求之事而修持，極具實用價值。

談錫永作品6

觀世音與大悲咒（修訂版）

作　　者　談錫永
美術編輯　李　琨
封面設計　張育甄
出　　版　全佛文化事業有限公司
　　　　　訂購專線：(02)2913-2199
　　　　　傳真專線：(02)2913-3693
　　　　　發行專線：(02)2219-0898
　　　　　匯款帳號：3199717004240 合作金庫銀行大坪林分行
　　　　　戶　　名：全佛文化事業有限公司
　　　　　E-mail：buddhall@ms7.hinet.net
　　　　　http://www.buddhall.com
門　　市　新北市新店區民權路108-3號10樓
　　　　　門市專線：(02)2219-8189
行銷代理　紅螞蟻圖書有限公司
　　　　　台北市內湖區舊宗路二段121巷19號（紅螞蟻資訊大樓）
　　　　　電話：(02)2795-3656
　　　　　傳真：(02)2795-4100

修訂版一刷　2012年09月
修訂版三刷　2019年06月
定價　新台幣190元
ISBN　978-986-6936-67-8（平裝）

版權所有 • 請勿翻印

國家圖書館出版品預行編目資料

觀世音與大悲咒（修訂版）/ 談錫永作
-- 修訂一版.--新北市：全佛文化，2012.09
面；　公分. –(談錫永作品；6)

ISBN 978-986-6936-67-8(平裝)

1.觀世音菩薩 2.密教部
229.2　　　　　　　　101017804

BuddhAll

All is Buddha.

BuddhAll.

BuddhAll